# 안철수, 만들어진 신화

안철수, 만들어진 신화

# 안철수, 만들어진 신화

초판 1쇄 발행 : 2012년 8월 29일
초판 3쇄 발행 : 2012년 9월 10일

지은이 : 황장수
편저자 : 박봉팔
펴낸이 : 김운태

편집인 : 김운태
펴낸곳 : 도서출판 미래지향
출판등록 : 2011년 11월 18일
출판사신고번호 : 제 318-2011-000140호

경영총괄 : 박정윤
마케팅 : 김순태
디자인 : 스탠리
인쇄 : 동양인쇄

주소 : 서울시 영등포구 국회대로74길 20 1014호
이메일 : kimwt@miraejihyang.com
홈페이지 : www.miraejihyang.com
전화 : 02-780-4842
팩스 : 02-707-2475

ISBN : 978-89-968493-2-2 (03340)
정가 : 13,000원

*이 도서의 국립중앙도서관 출판시도서목록(CIP)은 e-CIP홈페이지(http://www.nl.go.kr/ecip)와 국가자료공동목록시스템
(http://www.nl.go.kr/kolisnet)에서 이용하실 수 있습니다. (CIP제어번호: CIP2012003862)

# 안철수, 만들어진 신화



황장수 지음

박봉팔 편저

안철수는 1년이 넘도록 자신에게 제기된 수백억 규모의 BW 의혹에 대해 말 한마디 하지 않고 있다. 이 사건은 여러 가지 법적 문제와도 관련 있는 중대한 의혹이다. 그는 또 대선 참여 고민 운운하면서 1년 간 자기회사 주식가치를 6배 이상이나 밀어 올렸다. 안랩의 주식이 정치테마주가 되었고 그렇게 번 추악한 돈으로 재단을 만들어도 감독 검증 기관은 말이 없고, 보도하려는 언론사 기자는 빨갱이가 되고, 아 랫은 꾸욱부답이다.

미래지향

도서출판

# 머리글

**황장수**

최근 우리 사회에서는 온갖 분야에 '힐링'이라는 말을 갖다 붙이는 것이 유행이다. 여행, 콘도, 펜션, 요가, 마사지, 테라피 등에도 힐링이라는 말이 약방의 감초처럼 붙더니 이제 〈힐링캠프〉라는 TV 예능 프로그램까지 나왔다. 최근 '소통'과 '힐링'의 아이콘처럼 떠오른 안철수는 자신의 책 《안철수의 생각》을 출간하자마자 〈힐링캠프〉에 출연했다.

안철수의 책이 나오고 서점에 책을 사러 가니 계산대 앞에 '안철수 대담집이 표지 디자인을 변경하는 출판사 측의 사정 때문에 공급이 지연되고 있다'는 공문이 붙어있었다. 책이 잘 팔려 다시 인쇄하고 있는 것으로 보였다.

그런데 지난 주말 한 신문 서평란에는 "이 책이 16일 밤 10시에 초고가 넘어와, 17일 서문과 사진이 들어오고 밤샘 교정, 교열, 표지 디자인을 거쳐 18일 새벽 인쇄소에 들어가 인쇄를 하고, 19일 오전 9시 제본을 끝내고 19일 11시 출판사에 들어가 언론에 배포되었다."는 번갯불에 콩 구워먹은 출판과정이 보도되었다. 역사상 기록적이라고 할 수 있는 59시간 만에 뚝딱 만들어진 이 책은, 그 출판과정조차도 안철수식 신비주의와 모호함 속에 갖은 구설수를 낳고 있다. 애초에는 '에세이'였는데 정책 구상을 담은 '대담집'으로 내용이 급히 바뀌어 사흘 만에 나왔다는 등 뒷말이 무성하다. 그 과정이야 어떻든 책 하나로 장안의 화제가 되고 단시간에 매진되어 독자의 항의에 출판사가 공문을 서점에 보내야 할 정도라면 그는 벤처든, 주식이든, 책이든 자신의 어떤 행위로든 천문학적 수입을 올리는 재주만큼은 인정해야 할 것 같다. 그 와중에 그는 18일 〈힐링캠프〉 녹화까지 마쳤으니, 현대 경쟁사회에서 승부의 관건인 '속도'에서만큼은 누구도 따라가기 힘들 것 같다.

문제는 그의 대권 지지도가 하락하기 시작하던 시점에서 다시 지지율 회복을 시두하는 식이 이런 기획된 행동들이 도대체 무슨 '힐링healing'이고 '청춘에 대한 위로'인지 도통 이해가 가지 않는다는 점이다. '힐링'이라 함은 세상은 다 잊고 떠난 초연함 속에 느리게 살아가는 철학과 관련된 것이라는 게 상식 아닌가. 59시간 만에 나온 책과 녹화 5일 만에 나온 예능 '힐링'이 도대체 우리를 어떻게 위로하고 또 그것이 기성 정치의 비상식과 어떻게 다른 것인지 의문이다.

딱한 것은 권당 1만 3천 원짜리 이 책을 사기 위해 서점에 줄을 서는 국민들이다. 《안철수의 생각》에는 안철수만의 생각은 거의 없다. 무협지 같은 영웅담과 초인의 성공담 외에 색다른 건 하나도 없다. 기존 민주당, 진보당, 시민사회(일부는 새누리당까지)에서 수도 없이 해온 이야기들을 대충 모아놓은 것일 뿐이다.


한국에는 지금 유령이 떠돌고 있다. 안철수라는 유령이……. 안철수는 형이상학적이지도 형이하학적이지도 않아 그 실체가 유령과 같이 모호하다. 실체라 함은 본질적인 의미를 말한다. 정치의 본질은 실체의 사고, 철학, 이념을 널리 전파하여 대중의 동의를 얻어내는 데 있다. 안철수는 작년 9월 정치판에 처음 등장한 이후 1년 가까이 자신의 정치적 성향이 여인지 야인지, 무슨 생각을 하는지, 그의 배경과 삶의 내력은 어떠한지 그 모든 것이 불투명했다. 혹자는 엔터테인먼트 세계에나 어울릴 신비주의 전략이라고도 했고 다른 이는 검증 때문에 시간을 끌고 있는 것이라고 했다.

한국 정치는 문제가 많은 것은 사실이며 대부분의 국민들이 정치를 혐오하고 조롱하고 천시하는 것도 현실이다. 정치가 문제가 많은 것은 딱히 한국만의 현실도 아니며, 더욱이 세계적인 경제불황을 앞두고 대부분 국가는 리더십의 위기를 겪고 있다. 그럼에도 여전히 한국 정치에서 가장 두드러진 문제는 부패가 온존하고 있고 절차적 민주주의의 틀조차도 제대로 갖추지 못하고 있다는 점이다. 이런 상황에서 '보편적 복지'나 '경제민주화'는 요원한 것처럼 느껴진다.

한국은 대통령 한 사람에게 모든 권력이 집중되어 있고 그것을 견제할 수 있는 제도가 미약하기 때문에 대통령의 자질과 도덕성이 앞으로 5년간의 국가의 수준과 도덕성에 큰 영향을 미치게 된다. 지난 5년 MB 정권에서 보았듯이 후보의 도덕성에 하자가 있을 때 이후 5년은 국가 전체가 퇴보할 수밖에 없다. 대통령 후보들에 대해 사생활, 도덕성, 법규준수 여부, 재산 축적 과정, 생각과 철학 등을 검증해야 하는 이유는 대한민국 5천만 국민들 개개인의 삶이 대통령 한 사람의 선택에 결정적으로 영향을 받기 때문이다. 이상과 같은 문제의식으로 안철수에 대해 고민하기 시작했다. 안철수 삶의 히스토리는 우리 모두를 보잘 것없고 위축되게 만들 만큼 위대한 '신화'를 가지고 있다. 하지만 신화 같은 안철수의 삶은 객관적으로 검증될 바는 없다.

이 책은 안철수 자신의 말대로 '감당할 수 없는 책무'를 감당하려는 안철수의 신화와 사고를 해부하고 분석하기 위해 썼다. 안철수의 문제는 우리 사회 전체의 문제이고 전체 정치권과 언

론의 문제인데 굳이 필자가 나서서 안철수를 분석, 비판할 이유
는 없을 수도 있다. 그런데 현재 기성 정치인들은 정치활동 과
정에서 언론, 정적, 국민들에 의해 일상적으로 검증받고 비판받
고 있는데 반해 안철수는 헌신, 기부, 나눔, 소통의 신화 속에
검증 없는 성역에 우뚝 서 있다. 그는 1년 가까이 여야 정치권
과 언론의 검증 대상에서 제외되어 있었던 것이다.

안철수는 자신의 책《안철수의 생각》에서 일부 사람들이 자신
을 음해하고 모함한다는 투로 말하고 있는데 그들을 '키워줄까
봐' 대응하지 않는다고 했다. 그는 진실규명, 공익적 목적의 사
실 규명 노력을 일방적으로 비하했다. 그에 비해 사회, 정치적
영향력이 보잘것없는 필자는 졸지에 '키워줄 가치도 없는' 모함
세력이 되었다. 나는 감히 대통령이 될지도 모르는 인물을 상대
로 책을 발간해 진실규명을 요구하는 것이다. 그는 대통령이 되
고자 모험을 감수할 생각이 있다고 했지만 나는 국민들에게 사
실관계를 정확히 알리고 싶은 책임감 때문에 위험을 감수하려
한다. 제도권 언론과 정당과 사회지도층이 제 역할을 했다면 굳
이 여야가 다 기피하는 이런 일에 내가 굳이 나설 이유는 없었
을 것이다.


이 책의 편저자인 박봉팔은 우리 사회의 안철수 신드롬을 '안
철수 망상'이라고 한다. 망상이나 환각은 마약과 같아 빠져있을

때는 달콤하지만 깨어나서는 허탈함, 분노 등 퇴행적 후유증을 남긴다. 우리는 오늘이 고달프다고 망상과 환각에 빠져 살아서는 안 되며 현실에 두 발을 디딘 채 우리 스스로 미래를 개척해 가야 한다. 메시아는 어디에도 없으며 또 어느 날 갑자기 오지도 않는다.

비판이 없는 곳에 정의나 공정성이 있을 수 없다. 하지만 비판에는 용기가 필요하다. 용기 있게 이 책을 출간해준 〈도서출판 미래지향〉 대표님과 뜻을 같이해 온 동지 박봉팔, 그리고 나에게 새 생명을 주고 암 투병 중인 아내에게 감사를 드린다.


## 박봉팔

나에겐 카이스트를 졸업한 친한 친구가 하나 있다. 어느 날 그 친구에게 "넌 안철수를 어떻게 생각하느냐? 너의 후배들은 '안철수 교수'에 대해 어떻게 평가하고 있냐?"라고 물어보았다. 그 친구 왈 "안철수는 말과 행동이 일치하는 사람이라고 생각한다. 전반적 평가가 그렇다."라고 대답했다. 나는 입을 다물었다. 내가 가끔 지인들에게 안철수에 대해 의문을 제기하거나 비판하면 대부분 내가 이야기하는 팩트는 따지지 않고 "무슨 그런 말을 하느냐"고 반응한다. 난 현재 우리나라에서 일어나고 있는 '안철수 현상'이 이미 '안철수 신화' 단계로 접어들었다고 판단한다.

존 F. 케네디가 그런 말을 했다. "진실의 가장 큰 적은 거짓이 아니라 신화다." 신화는 '거룩하고 신성한 이야기'를 말하는 것이다. 신화, 즉 신이나 종교 차원의 이야기는 사소한 팩트에 흔들리지 않는다. 아니 팩트를 따질 단계를 넘어선 이야기가 바로 신화다. 신화라는 것은 사람들의 존재 근본에까지 영향을 미치는 믿음과 신념 차원의 이야기이기 때문이다.

하지만 난 '안철수 신화'를 '안철수 망상'이라고 부르고 싶다. 망상delusion은 착각이나 환상illusion에 비해 더 부정적인 의미를 담고 있다. '안철수 망상'에는 두 가지 의미가 있다. '안철수 본인의 망상'과 '안철수를 바라보는 국민들의 망상'. '안철수 망상'이 형성된 것은 안철수 본인의 적극적인 여론몰이와 홍보 탓도 있지만, 무엇보다 현대사회에서 여론의 수렴과 배포기능을 독점하다시피 하는 언론의 책임이 훨씬 더 크다. 또 이해관계에만 매몰되어 공익 의식을 내팽개친 지 오래된 정치인들은 물론 사회 전반의 건강성을 유지하는데 중추적인 역할을 해야 할 지식인들도 '안철수의 해악'을 방치한데 대한 책임에서 결코 자유로울 수 없다.

정치무대에 등장한 이후 1년이 다 되어가는 현재까지 대선 출마 여부, 아니 정치를 하겠다는 의사표시조차 명확하게 하지 않은 인물이 현재 대선 지지율 1, 2위를 다투고 있다. 이 현상 자체가 매우 비상식적인 것이다. 만약 우리 사회의 정상적인 작동을 방해하고 있는 현재의 '안철수 현상'이 앞으로도 계속된다면 미래에 우리가 치러야 할 비용은 결코 만만치 않을 것이다.

이 책은 안철수라는 대선후보에 대한 기초적인 검증을 위한 책이다. 필자가 이 책을 내는데 참여하려고 결심한 이유는 단지 안철수 개인의 정체를 밝히기 위해서만이 아니라 언론사 편집장으로서 '안철수 망상'을 초래한 우리 사회의 건강성을 한 번 점검해보고자 하는 의도가 컸다고 말하고 싶다. 기껏 안철수 정도의 인물을 검증하고자 책까지 낸다는 것은 개인적으로 자존심 상하는 일이기 때문이다.

안철수가 자신의 책《안철수의 생각》에서 유명한 말을 인용했다.

"많은 사람들을 짧은 순간 속일 수 있고, 소수의 사람들을 오랫동안 속일 수는 있지만 많은 사람들을 영원히 속일 수는 없다."

내가 만약 안철수를 만난다면 위 말을 그대로 되돌려주겠다.

끝으로 저자 황장수 씨의 정치에 대한 식견과 정의감에 존경의 뜻을 표하며 이 책의 허술한 부분은 온전히 편저자인 나의 불찰임을 이 자리에서 꼭 밝히고 싶다. 또 이 책을 펴내는 것을 가능하게 해준 〈도서출판 미래지향〉 김운태 대표에게 감사의 말을 전한다. 김운태 대표의 주도적인 역할과 응원과 지원, 질책이 없었다면 이 책은 나올 수 없었다. 그리고 '팩트 정신'충만한 깨어있는 시민들, 〈박봉팔닷컴〉 회원들에게도 감사를 전한다.

목차

# Delusion

## 1부

## 안철수 신화

"자고 일어나보니 세상이 바뀌어 있었다. 2011년 9월 2일이었다. 전날 밤 나의 서울시장 출마 결심이 임박했다는 기사가 한 언론을 통해 보도되었고, 그 다음 날 서대문구청에서 열린 청춘콘서트 현장은 취재진으로 아수라장이 됐다. 눈앞에서 그처럼 많은 플래시가 터지는 것은 생전 처음 봤다."

- 2012.7. 안철수의 생각, 안철수


"스파이더맨은 초능력을 원하지 않았지만 자신이 그것을 갖게 됐으니 합당한 일을 해야 한다고 생각하죠. 저 역시 이름이 알려지는 것을 원하지 않았지만, 열심히 공부하고 일하다 보니 저에게 사람들의 기대가 쌓이더군요."

- 2012. 7. 안철수의 생각, 안철수

# 권두 인터뷰 (2012.8.17)
## "안철수에 대해 문제 제기를 하는 이유"

### "안철수와 MB의 관계가 석연치 않았다"

박봉팔(이하 박)| 황장수 씨는 작년부터 안철수에 대해 지속적으로, 또 독자적으로 문제 제기를 해왔다. 물론 강용석 전 의원도 한동안 매우 적극적으로 '안철수의 문제점'에 대해 지적해왔지만 소위 '안철수 검증'에 있어선 황장수 씨가 '저작권'을 가지고 있다고 생각한다. 안철수에 대해 문제의식을 느끼게 된 계기는 무엇인가?

황장수(이하 황)| 안철수가 작년 9월 시장출마를 고려한다고 하면서 정치권에 등장했는데, 물론 그 이전 5월부터 '청춘콘서트'를 하면서 나름대로 정치권에 진입할 준비를 해왔다고

보지만 본격적으로 서울시장 선거에 참여하면서 혜성과 같이 등장했다. 그런데 안철수가 가지고 있는 모든 신화들이 국민들에게 아무런 저항감 없이 그대로 받아들여지는 것에 상당히 충격을 받았다. 그게 첫 번째 이유다.

두 번째는, 그 이후 안철수의 행보를 보면 안철수는 여와 야의 중간에 서서 양쪽 다 도와줄 것처럼 하면서, 특히 야당 진영의 비판에서 벗어나 있었다. 또 '안보는 보수'라고 하면서 여권과도 같이 할 수 있을 것처럼 행동했다. 즉 안철수는 자기 색깔을 드러내지 않음으로써 여야 모두의 공격으로부터 벗어나 있었다. 세계정치사에서 정치인이 자신의 정치적 정체성을 드러내지 않으면서 지금 현재 1년 가까이 끌어왔다는 것은 해괴한 현상이다.

그리고 세 번째로 이건 내 확신인데, 안철수와 이명박 대통령과의 관계가 석연치 않았다는 것이다.

이런 이유들로 사람들이 왜 안철수에 대해서 맹목적이고 무비판적인가 고민하다 보니까 안철수를 둘러싼 모든 신화들은 사실상 처음에 안철수 입에서 나왔다는 것을 깨닫게 되었다. 안철수 본인이 이야기하는 것들이 언론이나 사회적으로 전혀 검증되거나 걸러지지 않았다. 안철수가 자기희생, 양보 운운하고 그것이 맹목적 국수주의와 맞물리면서 교과서에까지 실렸다. 저 나이에 자기가 한 일에 대한 구체적,

사회적, 객관적 평가의 기회도 없이 거의 안철수 자신의 말이 그대로 '안철수 신화'가 되었다. 또 거기에 따라 돈도 생겼고, 돈이 생기면서 더욱더 유명해지고 명예도 생겼고 신화는 더 확장됐고 이젠 '문화권력'까지 되었다.

사실 안철수는 그전부터 이미 정치 빼놓고는 다 장악하고 있었다. 안철수가 TV 오락프로그램에 나와서 한마디 하면 그것이 또 안철수 신화의 한 부분이 되고 많은 사람들이 맹목적으로 받아들였다. 사회적으로 필터기능이 사회의 건강성, 공정성을 유지하는 핵심이라고 보는데 안철수에 대해선 사회적 필터기능이 거의 작동하지 않았다. 언론이 어지간한 신화에 대해선 한 번쯤은 공격하거나 해부하기 마련인데 안철수에 대해선 그런 부분이 없었다. 보수 진보를 막론하고 안철수는 비판의 사각지대와 성역에 있었다. 그런 정도의 인물이라면 인간의 경지를 넘어선 신에 가까운 인격과 소양이 있다고 봐야 하는데, 그래서 안철수가 정치인으로 거론되기 이전부터 안철수에 대해서 상당히 호기심을 가지고 봤나. 저 사람이 과연 그렇게 훌륭한 사람인지 회의를 느끼기 시작했나.

벤처 붐이 일어났을 때 나도 유명 벤처회사와 동업으로 벤처기업 사장을 한 적이 있다. 나름 당시 벤처 기업들의 사정과 생리를 좀 아는 편이다. 그래서 당시 사정에 밝은 사람들을 많이 만날 수 있었다. 그 사람들에게 안철수에 대해서 물어봤을 때 지금 객관적으로 형성되어있는 사회적 평판과 차이가 컸다. 그래서 이미지와 실체가 이렇게 차이가 있을 수 있나…… 충격을 받았다.

박경철이나 법륜도 안철수와 상당히 비슷한 사람들이다. 왜 비슷하냐. 항상 정권을 타고 넘었던 사람들이다. 법륜도 김영삼, 김대중, 노무현, 이명박까지 다소간의 긴장은 있었지만, 대북지원 관련 여러 사업 등 남북문제까지 초월했던 사람이다. 박경철도 이 정권에서 정권의 실세들과 지역적 연고로 굉장히 가깝다고 하는데 그는 2008년에 민주당에서 공천심사위원도 했던 사람이다.

이 사람들이 아니나 다를까 지난 서울시장 선거에서 안철수 시장 출마를 두고 바람을 잡았는데 안철수는 애초에 시장에 출마할 사람은 아니었다. 또 내 생각대로 안철수에게 배후가 있다면 그 배후가 고작 서울시장 자리 때문에 그러겠느냐 하는 생각을 했다.


## "안철수는 출마를 최대한 늦출 것이다"

박ㅣ 안철수는 이번 대선의 최대 변수라고 보는데 그는 언제 대선 출마 선언을 할 것 같으며 또 어떤 식으로 진행될 것 같나.

황| 안철수는 될 수 있으면 출마선언을 최대한 늦출 거다. 민주
당이 대선후보 선출을 9월 말에 한다. 안철수가 민주당에
입당 안 한다는 건 확정적인데……. 절대 안 들어간다. 안
철수 뒤에 배후가 있다는 건 내가 볼 때 확실한데 그 배후
는 민주당 편이 아니다.
안철수는 지금 언어의 유희를 하고 있다고 보는데, 출마선
언이 아닌 '정치참여 결심을 굳혀가고 있다.'라는 식으로
말하고 있다. 정치참여가 대선을 말하는 것이냐 물으면 그
것도 말장난으로 시간을 끌어왔고 또 끌 것이다. 안철수가
대선후보 출마선언을 늦추고 있는 것은 한 마디로 검증 때
문에 겁이 나서 그런 거다. 안철수는 이미 1년째 시간을 끌
고 있다.

박| 계속 그런 식이면, 일각에서는 '간철수'니 하기도 하는데 역
풍이 불 수도 있지 않나?

황| 그렇다고 하더라도 어차피 현재 안철수의 정체성은 야권후
보로 세팅되어있다. 그런 역풍이라고 해봐야 야당이 안철수
를 정면으로 비판하지 않는 한 이런저런 잡음 수준밖에 안
된다. 새누리당은 안철수에 대해 제정신이 아니고.

박| 안철수가 민주당이냐 제3당이냐가 아직 논란이 되고 있는데?

황| 안철수가 공식 출마선언을 하기 전이라도 유사 정치 조직이 먼저 생길 수 있다. 물론 그 조직도 안철수와 먼저 교감을 하고 나서야 가능할 것이다. 최근 정운찬을 불러 안철수 지지 특강을 들으려 했던 조직도 그런 것 중의 하나가 아니겠는가.

안철수가 저러다가 지지율 관리도 안 되고 어느 순간 추락하면 마지막에 국민들이 생각하는 것과 전혀 다른 선택을 할 수도 있다. 민주당과 끊임없이 단일화 협상을 하다가 막판에 포기해버리는 경우도 생각해볼 수 있다. 그럼 그것도 결국 야권표 분산 현상이 되는 것이다. 절대 야당에는 입당하지 않을 것이다. 안철수는 배후가 있기 때문이다. 순수한 내 생각인데, 마지막에 MB가 힘이 빠지면 안철수가 독자적인 판단과 선택을 할 수도 있지 않을까 생각할 수도 있지만 그것은 MB가 허용하지 않을 것이다. 그런 면에서는 MB가 안철수보다 훨씬 더 우월한 위치에 있다. 안철수가 정치를 우습게 보다 큰코다칠 수 있다.

박| 현재 이명박을 반대하는 사람들은 안철수를 대안으로 보고

있는 것이 사실이다.

황| 그것이 웃기는 것이다. 따져보면 한통속인데 이명박이 싫어 안철수라니……. 나는 솔직히 대한민국 정치의 불행이 수단과 방법을 가리지 않고 대선에서 이기고 보려 하는 데서 나왔다고 본다. 쿠데타, 3당 합당, 디제이피 연합, 노무현·정몽준 단일화 모두 그런 맥락에서 볼 수도 있다. 그리고 97년 이후에는 사정기관이 대선과정에서 의혹을 키우거나 혹은 잠재우면서 정치에 개입하기도 했다. 또 특정 정치인의 약점을 정치적 거래를 위한 카드로 이용하기도 했고.

당의 정책과 이념을 국민들에게 알리고 집권에 대한 정상적인 평가도 받고 각각의 대선후보들이 있는 그대로 심판을 받아야 한국 정치가 발전한다고 본다. 대부분의 선진국들은 다 그렇게 하고 있지 않나. 혜성과 같이 나타난 사람들을 한 번 살펴보자. 영국의 캐머런 총리? 그 사람도 20대부터 당 근처에서 역할을 하고 성장해왔다. 그래서 2010년 40대 중반에 총리가 되었다. 일본 오사카 시장 하시모투도 2006년부터 지자체에서 자기 역할을 해왔다. 오바마도 마찬가지고.

박| 독일 메르켈도 어릴 때부터 정치 조직에 있었다.

황| 나는 한 사람의 사회적 의식과 인식은 살아온 과정에서 형성된 경험과 도덕성이 쌓여서 형성된다고 본다. 살아온 과정에서 거짓과 의혹, 비상식이 있는 사람이 검증 없이 권력을 잡았을 때 불행이 시작된다. 지금 경험하고 있지 않은가.

박| 그것도 상대적인 것 아닌가. 지금 이명박을 비정상적이라고 생각하는 사람들은 안철수가 최소한 이명박보다는 낫다고 생각할 것이다.

황| 그런 논리라면 지금 안철수가 아닌 야당의 후보 누구라도, 아니 새누리당 누구라도 이명박보다는 낫다고 본다. 이명박보다 낫다고 안철수가 되어야 한다는 논리가 성립할 수 없다.

## "안철수의 힘은 돈과 '배후'"

박| 기성 정치권에 대한 혐오감 때문에 새로운 인물에 대한 열망이 큰 것 같다.

황| 그럼 과거에 나왔던 '새로운 인물'의 역사를 보자. 박찬종, 정주영, 이인제, 정몽준, 문국현……. 이제 안철수까지 나왔는데 다들 처음에는 혜성과 같이 등장했고 다 신선했다.

그런데 모두 실패했다. 나도 개인적으로는 여야 다 싫어서 제3당을 만드는 시도도 해봤고 많이 노력했던 사람이다. 제3정당이 성립되지 않았던 이유는 돈 때문이었다. 돈 있는 사람만이 제3세력이 될 수 있다. 그 돈을 가지고 자신을 홍보할만한 능력이 되는 사람만이 신선한 정치인, 제3세력이 될 수 있다. 안철수가 나름 1년째 비공식적인 캠프를 운영할 수 있었던 이유는 본질적으로 안철수가 돈이 있기 때문이다. 검증과 해부에서 자유롭도록 밀어주는 배후가 있기 때문이다. 최근 〈시사매거진 2580〉의 '안철수 검증 기획안 폐기'나 '정운찬의 안철수 지지 시도'에서 드러나지 않았나.

박| 국민들이 안철수의 '성공신화'에도 많이 끌리는 것 같다. 젊은이들은 말할 것도 없고 어른들도 자기 자식이 안철수처럼 되었으면 좋겠다는 생각……

황| 중요한 문제다. 성공이라는 것은 여러 가지가 있다. 현실적으로 볼 때 자본주의 사회에서 돈과 명예기 따로 가아 한다. 돈과 명예가 같이 가는 것은 후진국에서 일어나는 현상이라고 본다. 돈을 추구하면 명예가 없어야 하고 명예를 추구하면 돈이 없어야 한다. 미국 록펠러를 보자. 록펠러 가문에서 대통령을 배출하려고 무척이나 노력했지만 부통령

잠깐 하고 끝났다. 미국에서 부자는 출마 자체가 어렵다. 록펠러, 카네기 등은 재산 축적 과정에서 욕을 먹었다. 추악하게 돈을 벌었고 독점과 착취를 했다……. 그래서 '도금시대' 이후 독점방지법이 마련되는 계기도 되었고 또 그들은 수정자본주의의 필요성을 일깨운 장본인이 되었다. 이 사람들은 재산을 다 기증했다. 록펠러 재단, 카네기 재단 등. 그런데도 평가 부분에 있어 완전히 면책이 되지 않았다. 자본주의 사회에서 정치가 돈에 의해 지배되기 시작하면 대의민주주의가 파괴된다. 돈을 가진 사람은 정치를 하면 안 된다는 것은 국민들 사이의 약속이 되어야 한다고 생각한다. 미국에서 92년 로스 페로라는 IT 재벌이 나왔다. 그러나 실패했다. 트럼프도 대선 나온다고 했지만 실패했고 블룸버그는 뉴욕시장으로 만족해야 했다. 정치후진국 이탈리아에서 베를루스코니가 정권 잡았을 때 어땠나. 나라 전체가 작살났다. 일본만 하더라도 돈 많은 사람은 정치 안한다. 간접적으로 밀어주지. 자본주의하에서 돈과 정치가 같이 가면 안 된다.

그리스나 로마에서도 돈을 많이 가진 사람이 정치에 참여하는 것을 상당히 견제했다. 로마에선 호민관 제도가 있었고 그리스에서도 페리클레스는 귀족정치를 견제하기 위해 독재를 하기도 했다. 한국 정치에서 돈과 정치가 같이 가는

시도는 지난번 MB로 끝나야 한다. 지도자의 부가 국민의
부로 직결되지는 않는다.

박| 안철수가 재벌 이미지는 아니지 않나.

황| 그는 어쩌면 재벌보다 더 문제가 많을 수 있다. 국민들은
적어도 재벌은 문제가 있다고 생각하지 찬양하진 않는다.
안철수도 결국 부의 축적과정에서 재벌과 다름없는 행태를
보였다. 결국, 필터링이 문제다. 한국사회에서 재벌에 대한
필터링이 없다.
안철수에 대해 만들어진 신화들이 이상하다. 미국에서 천만
불 제의받고도 자기 회사를 안 팔았다? 그러다 어느 날 갑
자기 상장을 앞두고 주식을 수백만 주로 늘려 벤처 부자가
됐다? 안철수 자신의 말에 대한 객관적 증거가 있는가? 사
람들은 이 모든 의혹들을 그냥 비판 없이 수용하면서 그를
우러러보고 부러워한다. 이명박의 경우만 해도 인간승리로
포장됐었지만 도곡동 땅, BBK 등 많은 약점이 폭로됐다.
성공한 쿠데타는 처벌할 수 없다는 신화가 한국사회에 깔려
있다. 재벌회장들은 수십조를 들어먹어도 비판받지 않는다.
이런 분위기가 안철수 신화를 만드는 배경이 되었다. 그 성
공신화가 진정한 성공인지 왜곡된 거짓신화인지 의문을 가

지지 않는다. 안철수의 이야기가 열 개가 넘는 교과서에 실리고 대통령 후보가 되어도 누구도 의문을 가지지 않는다. 안철수도 성공했기 때문에 그렇다? 도대체 안철수의 성공이 뭔가? 안철수의 회사가 성공했다는 것인데 난 안철수 회사가 성공했다고 보지도 않는다. 그런데 그 작은 성공을 토대로 뻥튀기해서 자신의 신화를 만들어냈다. 그를 영웅으로 만든 IT 투기거품은 오늘날 세계 경제위기와 대공황 위기의 원인을 제공했다.

## "언론은 알고 있는 것을 말하지 않는다."

박| 안철수의 BW(신주인수권부사채) 의혹이 설사 조작이라 하더라도 별거 아니라고들 한다. 다들 그렇게 하지 않느냐는 말도 들었다.

황| 2000년 전후 벤처 부흥기 때 다 BW 장난을 쳤다. 그 시대에 안 그러고 제대로 했으면 망했다. 공직자 임명할 때 위장전입, 다운계약서, 위장농지 구입한 사람이 안 그런 사람보다 훨씬 더 많을 것이다. 한국 상류층, 중산층들 중 많은 사람들이 하자가 있다. 하지만 고위 공직자들은 검증을 받고 망신을 당한다.

이명박 경선 때 수도권 30~40대가 주요 지지층이었다. 투기적 욕망 때문이었다. 재산증식과 신분상승에 대한 욕망, 이명박이 거품을 일으킬 것이라는 바람 때문이었다. 자기 욕망에 충실한 사람을 대통령으로 선택하면 자신들의 욕망도 충족시켜줄 것이라고 기대했지만 배신당한 것이다. 대통령이 될 사람이라면, 다른 사람이 다 해먹어도 난 안 해먹는다는 사람이 되어야 한다. 개방적인 미국에서도 불륜, 성매매 의혹으로 다 날아간다. 지난 7월 오사카 시장 하시모토가 2006년에 술집 여자와 잠깐 사귀었다고 치명타를 입었다. 재산축적과정, 사생활 모두 검증받는다. 권력 없을 때 온갖 짓을 다 한 사람은 권력을 쥐었을 때 더하게 마련이다. 지금도 겪고 있지 않나.

박| 안철수가 뜨고 있는 것은 진영논리 탓도 크다고 본다.

황| 안철수가 뜰 수 있었던 배경에는 여야 각각의 분열과 지리멸렬이 있다. 고질적인 문제다. 과거에도 그랬고 현재도 야권은 춘추전국시대다. 여권도 이명박과 박근혜 사이에 긴장과 알력이 있는데 안철수는 그 틈을 비집고 들어왔다. 만약 야권에 김대중 같은 강력한 주자가 있고 여권에도 분열이 없다면 안철수가 나올 수 없었을 것이다. 지금 한국정치판

은 3김 시대를 지나 춘추전국시대다. 그리고 안철수가 야권에 의해서 천거된 인사냐 하면 전혀 그게 아니다. 박경철, 법륜, 윤여준 등 여권과 관계있는 인사들이 바람을 잡았고 추대했다. 언론에도 나왔는데, 지난 연말 청와대 박형준도 법륜 등 안철수 측근을 만나고 다녔다는 보도도 있었다. 그렇다고 안철수가 여당과 야당을 모두 비판하면서 새 정치세력으로써 제3당을 만들겠다는 것도 아니다. 오히려 진정한 제3당을 만든다면 나도 참여했을지도 모른다. 그는 '차기를 걱정하는 측'에 의해 만들어진 가공의 세력이다.

박| 언론은 왜 안철수에 대해 검증을 하지 않나. 신기할 정도다.

황| 안철수를 대하는 언론의 태도에서 환멸을 느꼈다. 보수, 진보 언론에서 다 나를 찾아와서 안철수에 대해 물었다. 그래서 내가 "보도 하지도 않을 거면서 왜 인터뷰를 하느냐."고 했다. 오히려 보수언론에서 약간 보도를 했을 뿐 진보언론에선 전혀 보도하지 않았다. 기자에게 언론에선 안철수 약점을 잡아서 안철수와 '딜'을 하거나 야당후보에게 정보를 줄 것 아니냐 그랬다. 대답을 못하더라. 특정 재벌과 관련된 특정 언론은 안철수에 대해 상당히 연구를 많이 했다. 그런데 일부만 맛을 보여주고 안 쓴다. 재벌언론이 왜 안

쓰겠나. 지난 〈추적자〉라는 드라마를 보면 특정 재벌을 연상시키는 서 회장이라는 사람이 원수 같은 자기 사위(대선후보)에게 위기가 오니까 대선당선 될 만한 다른 사람과 저녁 약속을 잡으라고 하지 않느냐. 언론이 정치권력에 대해 아는 것을 모두 보도하는 순간 언론의 입장에선 정보의 가치가 없어질 수 있다. 칼은 칼집에 들어가 있을 때 의미가 있다는 말이다. 일부 야권주자 진영도 안철수 자료를 가지고 있지만 단일화 때까지 묻어두고 있다고 한다. 언론은 정권의 향배에 예민할 수밖에 없다. 광고수주도 문제고 심하게 말하면 생존까지 걸려있다. 언론은 알고 있는 것을 다 말하지 않는다. 현 정권의 비리 문제도 다 알고 있지만 다 쓰지는 않는다.

박| 안철수가 과연 그 정도 무게가 있는 인물인가.

황| 어떤 언론은 보도하겠다고 취재하고 기서는 위의 압력 때문에 인쇄 직전 폐기하고 보도 못 했다고 하더라. 언론 윗선에서 취재 자료를 권력에 알려준 것이다. 그래서 난 안철수의 배후를 제기하는 것이다. 이후 강용석 의원도 배후문제를 제기했다. 강용석은 용기와 진정성은 있었지만, 안철수 BW의 중요한 팩트 지적을 정확히 하지 못했고 결과적으로

안철수 측에게 해명할 구실을 준 셈이 됐다. 그래서 안철수 측이 기고만장할 때 난 BW 의혹의 핵심인 당시 장외거래 사실을 언급했다.

지금 검찰 권력, 사정권력, 정권도 안철수의 향배에 따라 앞으로의 운명이 결정되게 되어있다. 그럼 안철수 관련 이해관계를 가진 권력기관들은 어떻게 생각하고 행동해야 할까. 현재 안철수는 야권 성향으로 지지를 받고 있다. 그럼 현 정권은 당연히 안철수를 캐려고 해야 정상이다. 없는 것도 캐서 조사하려 할 것이다. 안철수에게 제기된 문제가 많다. 강용석은 고발까지 했고 이미 BW 관련 의혹들이 있다. 검찰은 대선후보도 아닌 국회의원들, 정두언, 이석현, 박지원, 친노 세력 그리고 현기환, 현영희 등 친박 세력들도 다 조사한다. 그런데 1년 가까이 국회의원 하나 없는 안철수라는 단독세력이 어떻게 이렇게 검증을 받지 않을 수 있나. 안랩 제2대 주주가 차명계좌가 있다는 의혹이 잠시 나왔던 적은 있다. 그런데 차명계좌가 있는 건지 없는 건지 결론이 나질 않는다. 정보기관에서도 안철수에 대해 다 안다. 그런데 이제는 안철수에 대해 누가 얼마나 알고 있는지를 궁금해한다. 나한테 찾아온 기관 사람들도 있었다. 금융감독기관 등은 안철수 BW 의혹 자료가 시간이 지나 폐기되었다는 애매한 소리를 한다. 지금 야권에서도 안철수에 대한 사생활, BW 의혹 등 정보들을 알고 있다는 소리도 들린다. 어떤 주간지 기사에서는 특정 정파에서 안철수에 관한 엑스파일을 확보했다고 주장하는 소리가 들린다는 보도도 있었다. 안철수의 철학이나 사상은 예외로 치고 한국 정치에서 가장 큰 문제는 승리지상주의와 검찰의 편파적인 정치개입, 정치공작인데 대선에서 국민들의 뜻이 정확하게 반영될 수 있도록 해야 한다. 정권의 평가를 제대로 하고 정책으로 판단하게 해서 공익을 증진하기 위해 일단 검증과정이 투명하게 되어야 하는데 계속 정치공학적으로 가고 있다. 그런데 지금 안철수가 그 정치공학의 핵심이 되고 있다. 우려가 된다.

### "공동정부란 꿈같은 소리다"

박| 그럼 박근혜 측은 왜 안철수를 적극적으로 비판하지 않는가.

황| 박근혜 측 일부는 안철수의 배경에 대해 일찍부터 의구심을 가지고 있지만, 나머지는 구체저으로 잘 모르는 것 같다. 박근혜도 작년까지는 그렇게 경각심을 갖지 않았다. 측근 일부가 안철수에 대한 시각을 왜곡하고 있다. 마치 안철수가 자기들을 도와줄 인물인 것처럼 생각하기도 했다. 박근혜는 총선 전후로 관훈토론이나 공개석상에서 안철수에 대

해 의례적으로 좋은 말을 하다가 최근에는 안철수에 대해 "무슨 말을 하고 있는지, 뭐하자는 것인지 모르겠다."고 했다. 이전에 내가 여러 차례 말한 대로 최근 박근혜는 새누리당 대선 경선 국면이 지나서 9월이 되면 안철수에 대한 검증이 어렵다고 보고 있는 것이다. 이제 다급해진 것이다. 6월 말 박사모 회장이 이명박에게 직설적으로 공개질의를 던졌다. 그다음에 뭐가 나왔나. 홍사덕이 나폴레옹이라고 했고 박근혜는 안철수가 뭐하자는 건지 모르겠다고 했다. 그동안 안이했던 것이다. 배후라는 부분도 반신반의했을 것이다.

야권, 여권, 박근혜 진영 내부에서도 일부는 안철수에게 보험을 들려고 할 수도 있을 것이라고 예상한다. 대선주자 빼고 여야 정치인들은 대개 여러 가지 이중 삼중의 처신을 한다. 야권 내부에도 현재 야권 대선후보 어디에도 줄 서지 않은 60여 명이 있지 않나?

박| 야권이 안철수에게 계속 휘둘린다면 어떻게 될 것 같나.

황| 조국 교수도 초기에 안철수의 인맥이 한나라당과 가깝다고 비판했다. 심지어 진보진영 언론기자들도 이 사실을 다 알고 있다. 그런데 야권 원로들이 4월 말 안철수에게 공동정

부를 제안했고 문재인이 이를 받았다. 공동정부라는 것은 내각책임제에서나 가능한 것이다. 한국은 대권을 잡으면 독식 구조다. 만약 2002년 단일화에서 정몽준이 됐으면 민주당이 계속 존재했겠나. 노무현이 대통령 됐어도 결국 당이 깨졌다. 당시 정몽준과 공동정부 구성을 합의했지만, 노무현 쪽에서는 구체적으로 확답을 안했다. 그래서 대선 전날 정몽준이 비토를 놓았던 것이다. 나머지는 부차적인 문제였다.

만약 안철수가 민주당에 입당해서 대통령이 된다면 민주당은 없어질 것이다. 대다수 국회의원들은 대통령 따라가게 되어있다. 공동정부란 꿈같은 소리다. 좀 더 솔직히 이야기하자면 민주당은 자기들 후보가 된다는 전제하에 공동정부지 안철수가 된다는 전제로 공동정부를 말하는 것이 아니다. 현재 민주당은 안철수를 공격하지 않고 살려주다가 단일화 합의되고 나면 그 이후 우회적으로 검증해서 자기 쪽으로 손들어주게 하려 하겠지만, 오히려 안철수에게 잡아먹힐 가능성이 크다.

박| 김어준은 문재인, 안철수를 가리켜 서로 양보할 인격이라고 하던데…….

황| 정치는 과학인데 왜 품성론을 들먹이는지 모르겠다. 이명박을 비판할 땐 논리적으로 하면서 야권 내부에 대해서는 애매하게 말하거나 품성을 들먹인다. 그 사람들은 민주당 특정후보 지지 세력이니 꼼수로 그러는 거겠지. 이렇게 도박하듯 하는 공동정부는 세계정치사에 없는 일이다. 각서를 쓰더라도 휴지다. 김영삼, 김종필과 노태우도 내각제 각서 썼지만 안됐다.

박| 현재 야권의 의도는 너무 뚜렷하다. 문재인과 안철수의 단일화다. 사실 일리 있는 게 문재인과 안철수 둘 다 같이 나오긴 어려울 것이다.

황| 당연하다. 안철수는 자신이 안 될 것 같으면 여야 중 이기는 쪽을 택해 지지한다며 양보할 가능성이 있다. 그래도 안철수는 다음 정권에서 손해 볼 게 없다. 100% 자신이 없으면 단일화까지 가지 않고 그냥 그만둘 가능성도 있다. 안철수가 자신이 스스로 결정해야 할 출마 여부를 애매하게 국민들에게 미루고 있는 것도 나중에 도망갈 구실을 만들기 위해서다.

비판적 자세 없이 어떻게 자기가 지지하는 정치세력이 건전하게 발전할 수 있겠나. 지금 여당 야당 때문에 안철수는 마치 전지전능하고 도덕적인 완결체로 평가받고 있다. 문제 많다. 지금 종교도 내부비판이 없었기 때문에 대중들에게 경멸받는 거 아니냐.

안철수와 문재인은 각각 서로에 대한 지지율 격차를 벌려서 상대방의 양보를 끌어내려는 것이다. 지금 서로 아름답게 경쟁하겠다고 말하는 것은 정치현실과는 너무나 동떨어진 웃기는 이야기다. 현실관계에 대한 분석은 현실적으로 해야 하는데 지지자들의 여론이 너무 일방적이다. 억지 논리를 만들고 확산시키는 것이 문제다. 지난 총선에서도 민주당은 그런 논리에 갇혀 김용민 같은 사람에게 공천을 준 것이다. 안철수에게는 논리적 문제가 매우 많은데 야권에서는 전혀 비판이 없다.

박| 그런 부분에 대해 사실을 들이대도 열성 지지자들에겐 안 먹힌다. 신화는 곳곳에 있다.

황| 사실이 과대평가되고 언론이 쌓이면서 신화가 된다. 신화가 쌓여 '도그마'가 되고 '성역'이 되고 있는 느낌이다. 종말이 도래해서 무너지는 지점에 갈 때까진 누구도 공격하지 못한다. 정치공학과 진영논리로 모든 하자와 의혹을 가리고 있는 게 한국 정치 현실이다.

**"안철수 현상의 배후엔 승리지상주의가 있다."**

박| 진영논리라는 측면에서 현상과 안철수 현상은 비슷한 점이 많은 것 같다.


황| 제도권 언론의 한계 때문에 〈나꼼수〉가 떴다고 본다. 이미 여야 각 진영 속의 휘발유가 불붙기만을 기다리고 있었다. 노무현 탄핵의 본질과 촛불집회의 본질은 같다. 노무현과 이명박 서로를 인정할 수 없는 세력들이 한 것이다.

왜 이런 현상이 일어나는가. 한국의 대선은 아직 제도적 틀을 갖추지 못했다. 절차적 민주주의가 완성되지 못했다. 여론조사의 공정성에 대해 검증할 기관도 없다. 밴드웨건 효과로 작은 여론조사기관이 안철수가 1위라고 하면 1위다. 지난 두 차례 대선은 사실상 여론조사가 결정한 것이나 다름없지 않은가.

당내 경선에서도 누가 이기고 누가 졌는지 검증이 안 된다. 통합진보당 사태도 마찬가지 아닌가. 내부고발을 하면 정치적으로 또 사회적으로 매장이 된다. 자기 진영의 논리 아니면 안 믿는다는 자체가 절차적 민주주의가 완성되지 않았다는 것이다. 여론조사기관, 당내 경선도 선관위에서 검증할 수 있게 해야 한다.

〈나꼼수〉가 지난번에 박원순 경선 승리, 정봉주 신화 만들기, 김용민 공천, 민주당 대표 선거에 많은 영향을 미쳤다. 결국은 특정 정파의 전위대, 홍위병 역할을 하는 것이다. 그리고 소수가 만들어 낸 이해관계에 입각한 논리가 대중적으로 전파가 된다. 반쪽 야권 진영에선 이의가 없다. 정치인들은 진영논리의 역풍이 두려워 불만표출을 못 한다. 현재 야권 정치인들 중 안철수 현상에 대한 불만이 제법 있는데 다 침묵하고 있다.

안철수 지지자와 야권 지지자의 대부분이 겹쳐있다. 중간층은 절반 이상이 안철수를 지지하고 있다. 그들은 안철수가 있어야 대선을 이긴다고 생각한다. 나머지 문제 제기나 이견은 이적행위라고 판단한다. 자신의 정파와 진영에 도움이 되냐 마냐로 판단하는 것이다.

박 | 역시 진영논리가 문제다.

황 | 맞다. 그럼 그렇게 단일화로 안철수가 이겼다고 치자. 그럼 진 쪽에서는 또 승복 못 힐 것이다. 집권 초에 또 시끄러울 것이다. 안철수 '팬덤 현상'의 배후에는 수단방법 불문의 승리지상주의밖에 없다. 정의도 원칙도 없는 현상이 대중들에게까지 번지고 있다. 분노가 가치판단을 왜곡시키고 있다.

박| 〈나꼼수〉 현상이 우리나라에서만 특이한 것이라고 할 수 있나?

황| 미국에 이것과 유사한 현상이 있다. 독립우파정치방송, 극우방송이 있다. 거기도 김어준 같은 스타들이 있다. 그런데 5% 정도의 소수일 뿐이다. '티파티Tea Party'라는 공화당 지지 성향의 그룹이 있는데 세라 페일린이 정신적인 지도자다. 그들도 당락 운동도 하고 〈나꼼수〉처럼 한다. 자기들끼리 돈을 내고 조찬회의, 컨벤션 같은 것을 하고 도시락 싸들고 다니며 자원봉사한다. 사회적으로 규모는 작지만, 전파력이 큰 하위문화형形 정치세력으로 인정하는 분위기인데 그렇다고 그것이 사회의 완전한 주류가 되진 않는다.

미국사회에는 비주류지만 68운동, 히피 반전운동 류의 건전한 흐름이 있다. 하지만 최근의 '오큐파이Occupy 운동'도 시스템을 흔드는 데까진 가지 않는다. 유럽에서도 스페인에서 벨기에까지 걸어가며 시위했어도 체제를 흔들기가 어렵다. 그런데 우리나라의 '〈나꼼수〉 현상'은 소수 대중문화처럼 되는 게 아니라 절반의 진영에 전체 교시를 내리는 지경에 이르렀다.

지난 서울시장 선거 때 〈나꼼수〉가 '디도스 사건'을 선관위 내부 소행이라고 주장했다. 그래서 선관위에서 〈나꼼수〉 멤버들을 고소했다. 그럼 〈나꼼수〉는 디도스 공격이 선관위 내부 소행임을 계속 주장해야 하는데 결국 흐지부지 '아니면 말고'가 됐다. 〈나꼼수〉가 처음부터 진중하게 디도스 사태의 배후가 누군지에 집중했더라면 윗선을 더 잘 캘 수 있지 않았겠나. 평소 정치에 무관심한 대학생 단체에서 성명서까지 나왔던 초유의 사태가 어이없이 흐지부지됐던 것이다. 이후 특검이 있었고 〈나꼼수〉의 주장이 사실무근이라고 밝혀졌지만 〈나꼼수〉는 아무런 책임을 지지 않았다. 〈나꼼수〉 지지자들도 거기에 대해 문제제기 하지 않았다.

박| 안철수 현상도 〈나꼼수〉 현상처럼 우리나라에만 있는 특이한 현상 같기도 하다. 맹목적인 팬덤 현상이라는 차원에서 말이다.

황| 내가 아는 어떤 방송국 작가도 안철수를 자신의 멘토라고 하더라. 그는 안철수가 자기 주식 상당수를 회사 직원들에게 다 줬다고 믿고 있었다. 그 작가는 소위 지식층이고 중간층인데 그렇다. 맹목적 팩트 무시 현상이 극명하게 나타나고 있는 현상이 바로 안철수 현상이다.
안철수에 대해 무협지 같은 신화들이 많은데 안철수의 이 문제를 한 번 생각해보자. 예전 미국 대선 때 레이건은 정적들로부터 건강문제에 대한 공격을 많이 받았다. 레이건이 노령이어서 그랬을 텐데, 당시 레이건은 자신의 건강에 문제없다고 유치한 퍼포먼스도 많이 했다.

그렇게 노령도 문제 삼을 수 있는데, 안철수는 언론과의 인터뷰에서 대학 때 술을 많이 마셔 간을 상해서 입원을 두 차례나 했다고 했다. 인턴 레지던트 박사 과정 때 학업과 컴퓨터 연구를 병행하면서 잠을 못 잤기 때문에 간을 버렸다고 했다. 그리고 안철수가 유학을 두 번 갔는데 첫 번째는 공학경영으로 갔고 두 번째는 MBA로 갔다. 안철수는 당시 미국과 한국을 왔다갔다하면서 공부와 사업을 병행하느라 간을 버렸다고 했다. 또 1999년 1월 14일 〈동아일보〉를 보면 안철수가 간이 나빠서 집에서 쉬고 있다고 했다.

2002년 4월 벤처 비리 수사 때 안철수가 검찰 조사를 받았다는 의혹이 있다. 그 시기에도 안철수는 간이 나빠서 두 달 쉰다고 했다는데 그것 때문에 안철수 검찰 조사가 중단됐다는 언론보도도 있었다. 안철수가 검찰 조사받을 때 진단서 들고 휠체어를 타고 와서 수사가 중단됐다고 주장하는 사람도 있다.

안철수 검찰 조사 건에 대해 조금 더 덧붙이자면, 2009년에 50억 이상 배임 횡령죄에 대한 공소시효가 15년에서 10년으로 줄어들었다. 강용석 전 의원이 BW 의혹을 검찰에 고발했을 때 검찰은 앞뒤 거두절미하고 공소시효가 끝났다고 안철수는 조사받을 필요가 없다고 했다. 내가 생각하는 BW 의혹대로라면 안철수에게는 배임 횡령이 적용된다. 만약 안철수가 위계로 진단서를 첨부했으면 공소시효가 끝난 것이 아니다. 또 수사를 피하려고 해외도피를 했다면 해외도피 기간만큼 공소시효가 중지되어야 한다. 이건 다시 따져봐야 할 문제다. 안철수는 왜 검찰수사 의혹을 제기한 언론이나 개인을 명예훼손으로 고발하지 못하는가. 이 부분을 한 언론이 캐물으니 안랩 측은 "답하지 않겠다."고 했다고 한다. 또 대통령이 되겠다는 사람이 건강상태가 이래서야 되겠는가. 언론이 당연히 물어야 한다. 당시 병원에서 발부된 진단서의 진위를 분명히 밝혀야 한다. 항간에는 '휠체어 철수'라고 하던데 혹시 위독하다고 되어있는 진단서에 맞추려고 일부러 휠체어를 타고 검찰에 들어갔다고 생각해서 그러는 것 아닌가.

## "안철수 신화는 안철수의 입에서 나왔다"

박| 안철수 신화의 시작은 뭐였을까.

황| 백신개발 때문에 수년간 서너 시간밖에 못 자서 과로 때문

에 간염에 걸리고, 입대 날 아침까지 백신개발 하다가 부인에게 말도 안 하고 나왔다는 등의 소설이 그런 것들이다.

그리고 결정적인 신화가 미국의 맥아피라는 세계적인 보안회사의 회장이 97년에 자신을 미국으로 불러서 천만 불을 제시했는데 안보 주권을 지키기 위해서 회사를 팔지 않았다고 했다. 그런데 요즘은 맥아피 건은 내세우지도 않는다. 1997년에 삼성SDS가 안철수연구소에 투자하고 이후 1998년에는 산업은행 등이 투자했다. 그래도 당시 몇억밖에 투자 못 받았다. 그리고 벤처 붐이 불기 시작했다. 몇 가지 호재를 만들면 투자금 끌어들이기 좋을 때였다.

맥아피 투자 건은 안철수의 입에서 나온 말밖에 확인되지 않고 있다. 확인한 언론사는 단 한 군데도 없다. 미국에서 확인해야 한다. 당시 97년에 안철수연구소의 자본금이 불과 1억 안팎이었다. 삼성SDS가 고작 4억 8천만 원 투자했다. 맥아피가 뭐가 아쉬워서 이런 안철수연구소에 천만 불씩이나 제시했겠나. 99년 1월에 안철수가 모 일간지에서 가관인 말을 했다. "한국경제는 자신과 특별한 연관이 있어서 자신이 아프면 한국경제도 아프다."라고 말이다. 누워서 집에서 회사직원들과 회의를 했다고 했다. 안철수 신화의 시작에 관련된 정보는 안철수의 입에서 나온 것밖에 없다.

박| 안철수에 대해 할 말이 많은 것 같다.

황| 안철수에 대한 검증은 시작되지도 않았다. 앞으로 본격적인 검증이 있어야 한다.

“국민들의 답답함을 풀어주지 못하는 정치현실에 대한 실망이 저에 대한 기대로 모아진 것 아닌가 하는 생각을 했습니다. 어떤 분이 ‘안철수 현상’이라고 이름 붙였던데요……”

– 2012.7. 안철수의 생각, 안철수


“제 인생에서 성공의 정의는 ‘삶의 흔적을 남기는 것’입니다. 영어로 ‘make a difference’라고 할 수 있는데, 내가 죽고 난 후에 내가 존재하지 않았을 때와는 다른 긍정적인 무언가를 이 세상에 남기고 싶다는 마음입니다.”

– 2012. 7. 안철수의 생각, 안철수

# 안철수 현상, 안철수 신화

## 안철수 약력

안철수는 어떤 사람인가. 간단한 약력을 살펴보자.


- 1962. 출생, 부산 동성초/ 부산 중앙중/ 부산고

- 1986. 의학학사

- 1988. 의학석사, 컴퓨터 바이러스 발견, 백신개발 시작, 무료 배포?

- 1990. 단국대 의대 학괴장, 전임강사, 의학박사

- 1991.2.~1994.4. 해군 군의관(대위)

- 1994. V3 개발

- 1995. 안랩 창립, 학교 사임, 안철수 1차 미국유학(공학경영, 3 년간)

한글과컴퓨터, V3 독점판매 조건 투자

- 1997. 맥아피 천만 불 인수제의 거절?, 귀국, 삼성SDS 투자, 맥아피와 합작사 설립시도
- 1999. 체르노빌 바이러스로 매출 증대, 공공기관 납품 계기 10월 BW 발행 무상증자, 매출 83억
- 2000.10.13. 직원 125명에게 자신의 주식 1.5% 무료 배분, 매출 100억 돌파
- 2000.2. 액면 분할 12월 100억 매출 달성, 10월 BW 인수
- 2001.9. 코스닥 상장, 200억 매출 돌파
- 2002. 검찰, K 씨(산은 벤처투자팀장) 벤처투자 관련 수사 벤처 4개사 대표 기소, 산은 차장 구속, 안철수 검찰 참고인 조사설 안철수, B형 간염 진단서제출의혹 제기됨
- 2003.2. 노무현 대통령 취임식 국민대표 참가 중국진출 (2010년 현재 매출 30억 수준)
- 2005. CEO 사임, 이사회 의장, 매출 300억 2차 유학 (3년간), 부부간 시애틀과 펜실베이니아에서 각자 학교 다님 펜스테이트 와튼스쿨(MBA) 이수 석사
- 2008.4.30. 귀국, KAIST 석좌교수 경영학 강의, 아름다운재단 이사

- 2008. 이후 청와대 위원회 위원직들 역임

- 2009. 미국 진출 V3(영문판) 전략 발표회

- 2010. 포스코 이사회 의장, 안랩 계열 '노리타운 스튜디오' 이
  사회 의장

- 2010.6. 서울대 융합과학기술대학원장

- 2011.6. 청춘콘서트 6~9월 전국순회, 포항공대 이사

- 2011.10. 서울시장 출마 포기

- 2012.2. 주식기부 발표, 7월 〈안철수의 생각〉 발간, 〈힐링캠프〉
  출연


　앞으로 살펴보겠지만 위 안철수의 행적은 각종 의혹으로 점철되어 있다. 물론 안철수의 약력, 각종 수상경력, 사회적 지위, 저서 등을 보면 우리 사회의 많은 전문가 그룹, 사회단체, 공공단체, 언론인들이 한목소리로 안철수는 훌륭한 사람이라고 인증하고 있다고 해도 과언이 아닐 것이다. 그리고 그것은 현재 안철수에 대한 우리 사회의 우호적인 평가와 조응하는 것이다.

　안철수의 왕성한 사회활동을 보자면 저런 훌륭한 인재가 우리 사회에 존재한다는 것 자체에 뿌듯함까지 느낄 수도 있을 것 같다. 아무리 삐딱한 성격을 가지고 있는 사람이라도 최소한 안철수가 우리 사회에 해를 끼칠 사람은 아니라고 확신할 수도 있을 것이다. 그리고 안철수는 현재 우리 사회의 '훌륭한 인재'라

는 지위를 넘어 '유력한 대통령 후보'다. 현재 다수 대중은 안철수의 정치 행보에 열광적인 반응과 기대감을 나타내고 있다.

## 안철수 현상

안철수는 현재 우리나라 국민의 '롤 모델'로 추앙받고 있다. 능력 있고 착하고 똑똑한 사람의 전형이다. 안철수는 우리나라 최고 명문대학교인 서울대 의대를 졸업했지만, 의사라는 직업에 안주하지 않고 도전정신을 발휘하여 '안철수연구소'라는 벤처기업을 키웠다. 게다가 안철수는 단지 개인의 성공과 성취에 머무르지 않고 사회에 봉사할 방법을 찾기 위해 거액을 사회에 기부하고 현재 유력한 대통령 후보의 자리에까지 올랐다.

안철수의 현재 이미지는 안철수가 MBC 〈무릎팍도사〉에 출연한 이후 결정적으로 굳어졌다. 방송에서 안철수가 직접 밝힌 바로는 안철수는 자신이 직접 개발한 안티바이러스 프로그램인 'V3'를 국민들에게 무료로 배포하여 대한민국을 컴퓨터 바이러스로부터 구했다. 게다가 자신이 키운 '안철수연구소'를 사겠다고 했던 외국회사의 제안을 국익을 위해 단호히 거부했다. 또 직원들에게 자신의 주식을 무료로 나눠주고 자신은 새로운 도전을 위해 유학길에 올랐다고 했다.

당시 방송이 나가고 난 뒤 국민들의 반응은 한마디로 "아니

요즘 세상에도 저런 인간이 있었나?"였다. 한마디로 능력 있고 착하고 똑똑한데다가 인문학적 소양이 넘치는 부드러운 카리스마까지 겸비했다는 평가를 받았다. 국민들은 당시 세파에 찌들지 않은 무공해 인간, 완벽한 인간을 직접 목격했던 것이다.

안철수는 자신의 대중적인 인기를 업고 지난 2011년 서울시장 보궐선거에 출사표를 던질까 말까 고민했다. 그러자 대한민국에 안철수 열풍이 불었다. 그에 대한 지지는 타의 추종을 불허할 정도로 압도적이었다. 그리고 돌연 안철수가 당시 지지율이 미미했던 박원순을 서울시장 후보로 지지 선언하고 물러났을 때, 안철수는 '아름다운 양보'를 한 것으로 칭송받았고 박원순 후보는 무난히 서울시장에 당선됐다.

당시 거의 모든 언론은 안철수의 사소한 행보까지도 전 국민들에게 중계방송하듯이 보도했다. 안철수가 기자회견장에 도착하기 몇 분 전이라는 자막까지 내보낼 정도였으니 국민들의 안철수에 대한 관심도를 미루어 짐작할 수 있을 것이다. 이후 안철수는 대권후보로 올라섰고, 윤여준, 법륜 등 안철수 측근들은 신당 창당설까지 흘리기도 했으나 곧 잠잠해졌다.

2012년 4.11 총선 이후 박근혜 새누리당 후보가 대선 지지율 1위로 올라섰고 민주당 문재인 후보도 부상했다. 그래도 안철수는 줄곧 유력 대선후보 자리를 지켰다. 안철수는 잊을만하면 한 번씩 매스컴을 탔다. 안철수가 대선 지지율 1, 2위를 계속 유지

했던 비법은 구체적인 정치 행보를 하지 않더라도, 자신에 대한 관심도가 낮아질 때쯤 언론에 등장하는 것이었다. 대학강연, 재단설립과 기부, 미국에 가서 빌 게이츠 만나기 등의 일정은 언론과 국민의 초미의 관심사였다.

최근 안철수는 자신의 인터뷰를 정리한 책《안철수의 생각》을 출간하고 SBS 〈힐링캠프〉에 출연하면서 대선 지지율 1위 자리에 올라섰다. 새누리당과 민주당의 대선후보 경선이 안철수 때문에 흥행이 되지 않는다는 말까지 나오고 있는 실정이다. 안철수는 자신이 마음만 먹으면 얼마든지 이슈의 중심에 서고 여론을 움직일 수 있는 사람이라는 것을 증명했다.

현재 안철수 관련 내용이 초등학교 교과서 1곳, 중학교 6곳, 고등학교 4곳 등 총 11종의 교과서에 실려 있다. 특히 중학교 2학년 〈국어〉(좋은책신사고刊)와 〈중학 진로와 직업〉(두산동아刊)에는 안철수의 수필이 그대로 인용되어 실려 있다. 또 교과부가 직접 편찬한 초등학교 3학년 〈도덕〉의 '지혜의 샘터' 코너에는 "나는 의사이면서 우리나라에서 꼭 필요한 컴퓨터 바이러스 치료 백신도 개발한 사람입니다."라는 안철수를 미화하는 내용이 실려있다.

더욱 문제는 (나중에 또 언급하겠지만) 안철수가 한 말 중에 거짓말도 교과서에 그대로 실려 있다는 것이다. 고등 〈국어 하〉(금성출판사刊) 159쪽에 실린 만화에는 안철수의 입대와 관련해

"내무반에 들어가고 나서야 가족들에게 연락하지 않은 것을 깨달았다."고 되어있다. 그러나 안철수의 부인 김미경 씨는 지난해 〈조선일보〉 인터뷰에서 "(안 원장을 군대 가는) 기차에 태워 보내고 혼자 돌아오는데 무지 섭섭했다."며 교과서 내용을 부인한 바 있다.

생존인물을 교과서에 실을 때는 그 파급력 때문에 철저한 검증을 해야 하는데 과연 교과부나 여타 출판사에서 그런 검증작업을 제대로 했는지 의문이다. 그리고 안철수가 대권을 바라보는 인물이기 때문에 현재 정치적 중립성과 관련해서도 논란이 되고 있는 실정이다. 아무튼 교과서에까지 실린 인물이라는 것은 안철수에게 엄청난 권위를 주게 되어있다. 그리고 이것도 현재 '안철수 현상'이 얼마나 대단한지를 보여주는 한 가지 지표라고 할 수 있다. 현재 우리 사회에 불고 있는 안철수 열풍을 '안철수 현상'이라고 부르는 것이 전혀 어색하지 않다.

## 예능인 안철수가 소속된 기획사는?

2008년 8월 20일 〈조선일보〉가 안철수의 부인 김미경 씨의 인터뷰 기사를 통해 '안철수 성공 스토리'를 다루었다. 이후 조선일보뿐 아니라 우리나라 거의 전 언론이 매우 우호적인 관점에서 안철수의 성공 스토리를 보도해왔다.

청춘콘서트, 박원순에게 서울시장 후보 양보, 그리고 뒤이은 보유주식 절반의 사회기부가 연일 '안철수 신드롬'을 확산시켰다. 그의 기부행위 자체는 정치인으로서 사회적 책임을 보인 바람직한 행위로 평가할 수도 있다. 그러나 최근 진보진영에서 일고 있는 안철수에 대한 과도한 찬사와 우상화 수준까지의 숭배 현상은 되돌아 봐야 할 부분이 많다. 대중 매체들은 안철수에 대해 보도하는 과정에서 과도한 의미를 부여하고 또 너무 일방적이다 싶을 정도로 선의로만 해석하고 있다.

정치인은 누구나 자신의 입지와 이해를 극대화하는 방향으로 처신하게 마련이다. 어떻게 하면 자신을 최대한 부각시킬 수 있는가를 늘 계산하고 최선의 결과를 기대하는 방식으로 자신을 '이미지 메이킹' 하는 것이다. 안철수 또한 그렇게 처신했다. 그의 주식기부 시점 또한 그러한 노력의 결과물이다. 그러나 그의 행동은 여태껏 기성 정치인들과는 다른 형식과 내용으로 나타났다.

일방적 연설이 아닌 소통방식과 개그를 섞은 재미있는 청춘콘서트, 그리고 '자기 계발서', '감성에세이' 등에서나 나옴직한 언어 사용, 애초 시장출마 의사가 없었으면서도 나올 듯이 해서 지지율을 끌어올렸다가 자신의 지지율 십 분의 일에 불과한 박원순에게 양보했던 극적인 연출, 박원순 캠프에 전달한 아날로그적 감성을 담은 편지, 그리고 주식을 기부하면서 직원들에게 띄웠던 이메일 등이 그것이다.

　그는 기성의 정치인에게서 볼 수 없었던 '아날로그적 감성', 비정치적인 '감성적 언어사용', '디지털 수단을 통한 전파' 등에 능숙하고 그래서 정치인이라기보다는 다재다능한 예능적 자질과 감성적이고 문학적인 감각, 그리고 미디어 감각까지를 소유한 지식 엔터테이너로 보인다.

　그러나 나는 이 모든 것이 그 자신의 탁월한 감각도 있겠지만, 그보다도 안철수를 기획하고 치밀하게 준비해 온 기획사 수준의 조직활동 결과물이라고 생각한다. 지금까지 그와 그의 팀은 오늘날 시대적 정치 고민을 예능적, 문학적으로 설명하고 잡아내는 데 매우 탁월한 기량을 보였다. 과거에 우리가 진보진영과 야권에서 보았던 폭로적이고 투쟁적인 거친 언행이 그에게는 없었고, 기존 여권과 보수 진영에서 보였던 시대 흐름과 동떨어진 어색함도 없었다. 또 그는 언론에 적절히 치고 빠지는 방식으로 최소의 노출을 통해 최대의 효과를 거두고 있다. 이를 통해 자신의 지지도와 회사의 주가 또한 고공 행진을 함으로써 기부의 효과를 극대화했다. 지금까지 일부 진영만 빼고 여야 모두 안철수를 원하고 있고 대부분 언론도 속으로야 어떻든 그에 대한 비난과 검증을 삼간 채 그를 찬양하고 있다.

　문제는 지금부터다. 그는 기부로써 정치권에 본격 입문했다. 정치는 발을 담그는 순간부터 순결함과 고결함은 사라지고 진흙탕에서 뒹굴어야 하는 분야다. 특히 대선을 노리는 정치인은 어떤 현안에 대한 견해를 밝히지 않고 넘어갈 수는 없으며 침묵하면 하는 대로 의견을 내면 내는 대로 순식간에 50%의 적이 생긴다. 또 대선 후보는 항상 만신창이가 된 임기 말 대통령과의 관계설정 여부에서 주요후보의 색깔이 드러나기도 한다. 지금 MB는 역대 최악의 평가를 받고 있고 결국 MB에 대한 포지션 설정 여부가 향후 대선에서의 안철수 후보의 입지를 결정하는 하나의 중요한 요인이 될 것이다.

백의의 천사라도 정치권에 들어오는 그 순간부터 '마키아벨리'로부터 빌려 온 '진흙탕 방지용 비옷'이라도 입어야 하는 것이 정치인의 운명이다. 세상에서 돈을 많이 벌거나 정치에 성공한 사람치고 무결점이거나 온전히 추앙받을 만한 완벽한 위인은 존재할 수 없다. 다만 자신의 결점을 더 많은 장점과 업적으로 커버할 수 있을 뿐이다. 지금 안철수를 둘러싼 항간의 과도한 우상화와 홍보는 안철수에 대한 무결점 이미지를 만들고 있다. 어린 시절 화장실 앞에서 본 사모하던 여선생님에 대한 실망처럼 과도하게 형성된 우상적 이미지는 사소한 인간적 결함만으로도 순식간에 날아갈 수 있다.

그는 '백신 무상배분', '미국회사 거액인수 거절', '주식 무상배분' 등 많은 신화를 가지고 있다. 우리는 MB를 보면서 그의 성공신화가 얼마나 미화되었던 것인지를 뒤늦게 알게 된 바 있다. 우리 사회는 어떤 '영웅'에 대해 추앙하다가 순식간에 그를 추락시켜 버린 기억들이 있다. 황우석도 그랬고 심형래도 그랬다. 정치와 결부되어 과대포장 된 엉터리 유전공학에 열광했고 유치한 가짜 괴수영화에 천만 명의 주머니가 털린 적이 있다. 이 모두가 국수주의적 성공신화와 언론의 과도한 찬사에서 비롯된 것이었다.

정치에서 '영웅'이 지속적으로 온전히 살아남기는 어렵다. 정치는 무수한 함정, 음모, 배신과 사방의 적들로 둘러싸여 하루하루를 버티는 게임이다. 안철수도 이제 '자기 정치'를 구체적으로 말해야 하고 자신의 삶, 재산, 회사, 경영, 사생활에 대한 의혹들에 대해 해명하고 검증에 응해야만 한다. 더 이상 지금까지와 같이 검증을 피하며 신비주의적이고 애매한 대응만으로 앞으로의 정치일정을 버티는 것은 불가능하다는 것을 알아야 한다.

## 안철수 현상은 언론이 만든 것이다

일부 네티즌들이 안철수를 '간철수'라고 부르고 있다. 대선국면에서 여러 가지 사안에 대해 명확한 입장을 밝히기는커녕, 아직 자신의 출마 여부도 분명히 밝히지 않고 여러 가지 상황을 고려하며 눈치를 보는듯한 안철수의 태도를 비꼬는 별명이다.

안철수가 자신의 대선 출마 소동이 '기자의 상상'에서 나온 것이라는 무책임한 말을 한 적이 있다. 그런데도 언론은 안철수가 아직 '정식 출마선언'을 안 했기 때문에 검증하지 못하고 있다는 궤변을 늘어놓기도 했다. 그렇다면 언론은 왜 그의 일거수일투족을 보도하고 여론조사를 하는가. 안철수만 간을 보고 있는 것이 아니라 언론도 안철수에 대해 간을 보고 있다.

소위 진보매체라 불리는 언론들은 안철수를 반드시 야권 단일화까지 가도록 만들어야 자신의 매체가 향후 5년간 편안해질 가능성이 많기 때문에, 그에 관해 불리한 사실은 무조건 보도하지 않는다. 다만 단일화 국면에서 자신들의 역할을 키우기 위해 안철수에 대한 정보수집에는 누구보다도 열중하고 있다. 한국의 진보 수준이 이 정도밖에 안 되는가? 내가 진보매체라면 야당에게 안철수와 선을 긋고 당신들끼리 온 힘을 다해 노력하고 좋은 공약을 개발하면 이길 수 있다고 조언하겠다.

보수언론들은 안철수에 대해 정체성의 모호함과 출마선언 지연을 비판하기도 했지만 역시 본질적인 검증은 하지 않고 간을 보고 있다. 이들 매체 또한 자신의 회사가 앞으로 5년간 무사하고 번창하기 위해서는 '안에 대한 카드'는 대선구도가 명확해질 때까지 칼집에 넣고 있어야 한다고 생각하는 모양이다. 만약 2007년처럼 여당이 무조건 이기는 대선 구도였으면 이들은 벌써 안철수에 대한 해부와 난도질에 들어갔을 것이다. 아직 대선 향배는 예측불가이기에 안철수가 내키지 않지만, 검증보다는 비판적 태도를 보이면서 간을 보고 있는 것이다.

'찌라시' 수준의 인터넷 매체들과 포털사이트들은 대부분 '안철수 홍보'에 열을 올리고 있다. 이들은 섹시한 제목과 기사로 '안철수 영웅시대'를 미화하기에 혈안이 되어있다. 포털의 메인 뉴스 기사를 취사선택하는 편집자의 권한과 책임은 매우 막중하다. 대다수 젊은 층이 종이 신문이나 TV 뉴스는 잘 보지 않고 인터넷 포털을 통해 뉴스를 소비하는데, 포털의 메인 페이지 헤드라인기사와 특정인에게 유리한 기사제목, 기사의 숫자 등은 이들에게 큰 영향을 미친다.

현재 안철수는 벤처 신화의 주인공이고 인터넷 포털의 오너들는 안철수의 지인들이며 사업상 바이러스 백신, 보안 등으로 교류했던 이해관계자이자 사업파트너이며 정치적 동반자이기도 하다. 지금 일고 있는 '안철수 신드롬'은 언론들이 자신들의 고유 임무를 방기하고 각자의 이해관계에 따라 적당히 간을 보고 있는 것에서 비롯되었다고 보면 정확하다.

## 미디어와 안철수 신화

얼마 전 최시중은 자신이 '파이시티' 측에서 받은 돈을 지난 대선 여론조사 비용으로 썼다고 말했다. 그에게 돈을 전달한 이

동율도 재판 증언에서 한나라당 대선 후보 경선을 앞두고 운영한 언론인의 포럼 운영자금으로 줬다고 진술했다. 최시중도 재판에서 경선자금으로 지원받았다고 했으며 '언론인 포럼 운영자금'으로 사용했다고 했다.(언론인 포럼 운영자금은 과연 어떤 용도로, 누구에게 지급되었을까?)

지난 대선 과정에서 최시중이 명당자리라는 여의도 D 빌딩에 터를 잡고 언론과 여론조사 회사를 상대로 작업(?)한 것은 웬만한 사람은 아는 사실이다. 그는 주요 여론조사 회사인 한국갤럽 회장을 지냈으며 신문사 간부 출신으로 언론과 여론조사의 생리를 잘 아는 인물이다.

여론조사와 관련해서 '밴드웨건 효과Bandwagon Effect'라는 것이 있다. 누가 한번 1위로 올라갔다는 여론조사 결과가 나오면 이후 다른 여론조사도 그 추이를 따라가게 되는 현상을 말하는데 이것은 '여론조작'에 흔히 사용되는 것이다. 최근 SBS 〈힐링캠프〉 출연과 책 출간 이후 '안철수 분위기'가 형성되었으니, 언론이 바람 잡고 여론조사 회사가 띄우면 안철수는 그냥 1위가 되는 것이다. 현재 안철수를 둘러싼 여론조사 추이는 매우 의도적인 우연을 보여주고 있다.

정치 여론은 사실상 진정한 여론이라기보다 이미지 홍보 마케팅, 언론, 여론조사 회사가 합작해 만들어내는 상품 같은 것이다. 대중은 대부분 직장과 집을 오가는 다람쥐 쳇바퀴 같은 일상생활 속에서 정치적 여론의 실체를 제대로 파악할 방법이 없다. 다만 언론에서 보도하는 이미지 메이킹 된 정치인의 언행과 여론조사 회사가 발표하는 지지도만 보고 누가 어떠하다고 판단할 뿐이다. 우리는 스스로 투표로써 대선후보를 선택한다고 생각하지만, 이 또한 만들어진 이미지 및 여론 조작으로 통제되고 제한된 의식의 반영일 수 있다. 앞에서 안철수가 '완벽한 인간', '무공해 인간'으로 여겨지고 있다는 말을 했는데 완벽한 인간의 경지에 이르는 사람에겐 신화가 형성되기 마련이다. 현대의 신화 형성은 주로 미디어가 담당한다.

현존하는 인물 중 안철수만큼 어린 나이에 많은 '신화'를 가지고 있는 인물은 드물 것이다. 얼마 전에는 3대 일간지 칼럼에 버젓이 '안철수가 의대 다닐 때 바둑이 배우고 싶어 독학으로 1년 만에 50권의 바둑책을 보고 연구해 '아마 2단'이 되었다'는 이야기가 등장하는 지경에 이르렀다. 산속에 입산수도한 것도 아니고 의대 다니면서 그 바쁜 와중에 컴퓨터 도사가 되고 나아가 1년 만에 바둑 아마 2단이 된다는 것은 바둑을 둬 본 사람이라면 얼마나 황당한 소리인지 안다.

그가 TV에 나와 회사 직원들에게 주식을 나눠줘서 감격하게 했다고 말했는데 얼마나 나눠줬는지는 전혀 말하지 않았다. 또 그는 '맥아피'라는 미국 보안회사 라슨 회장이 1천만 불에 안철수연구소를 팔라고 했는데 애국심과 보안주권을 위해 거부했다는 신화를 썼다. 물론 이 또한 그 스스로 전한 말일 뿐이다.

안철수가 말하면 뭐든 신화가 되고 있다. 그간의 언론 보도를 조금만 유심히 살펴보면 안철수 신화가 허무맹랑한 구석이 많다는 것을 알 수 있는데 대다수의 사람들은 여전히 안철수에 열광하고 있다. 최근의 여론을 살펴보면 '안철수 현상'은 이미 '안철수 신화' 단계에 접어든 것 같다.

모든 사람들이 안철수를 칭찬한다. 간혹 정치적인 이유로 특정 진영에서 공격받기도 하지만 거의 모든 언론과 대중들이 안철수를 칭송하고 있다. 아직 자신의 정견조차 제대로 밝히지 않고 또 정당인도 아니며 정치경력도 전혀 없는 사람이 현재 대선후보 지지율 1위다. 이것은 비정상적인 사회현상이다. 비상식적인 안철수 현상에 대해 최소한 문제의식은 가지는 것이 상식적인 태도다. 아니 어떤 사회라도 안철수에 대한 이런 일방적인 찬양이 순수한 메커니즘으로만 형성될 리는 없다. 지난 몇 년간 진보 보수 막론하고 거의 한목소리로 안철수를 띄웠다. 이건 한국사회에서 매우 이례적인 현상이다. 그래서 의심이 드는 것은 어쩔 수 없다. 이런 나의 의심이 비뚤어진 심성에서 나오는 것일까.

성공회대 신영복 교수는 자신의 저서 《감옥으로부터의 사색》에서 "모든 사람들이 칭찬하는 사람은 좋은 사람이 아니다."라고 했다. 나는 특히 '공인'에 대해선 신영복 교수의 말이 옳다고 생각한다. 숱한 커넥션이 걸려있는 정치권 인물에 대해 사회 전체가 한목소리로 칭찬하는 것은 의심하지 않을 수 없는 사회 현상이다.

"큰 질문에 대한 가장 옳은 태도는 '의심'이다."

"'의심'이란 (종교의 특징인 거만한 확신이 아니라) 겸손한 것이다."

"'의심'이야말로 사람이 가져야만 하는 것이다. 인간의 역사는 잘못되어가는 것에 대한 기록이었기 때문에……."

래리 찰스 감독의 미국 다큐멘터리 영화 〈Religulous〉(2008) 에 나오는 말이다.

# Delusion

2부

안철수 신화는

출발부터 거짓

"제가 의사로 일하면서 1998년부터 컴퓨터 바이러스 백신을 만들었는데요, 초기 7년 동안 무료로 백신을 보급했습니다. 다른 나라 보안회사들에 비해 기업화가 7년이 늦었죠."

- 2012.7. 안철수의 생각, 안철수


"100% 성공을 개인화하는 것은 문제가 있습니다. 머리가 좋고 개인적인 성공만 추구하는 사람이 우리 사회에 도움이 되는가를 심각하게 생각해봐야 합니다. 내가 왜 이 일을 하는지에 대한 그런 의식이 중요합니다. 즉. 사명감이 중요합니다."

- 2009.6.17. MBC 무릎팍도사, 안철수

# 안철수는 안티바이러스 프로그램을 무료로 배포했는가?

## 백신 무료배포는 교묘한 '거짓말'

안철수의 거짓 신화는 여기서부터 시작된다. '안철수가 컴퓨터 안티바이러스 프로그램(V3)을 만들어서 국민들에게 무료로 배포했다'는 것. 결론부터 이야기하자면 안철수가 'V3'를 개발했을 당시엔 그 정도 안티바이러스 프로그램은 유료로 배포하고 싶어도 배포할 수 없었다는 것이다. 즉 안철수는 자신의 백신을 대중들에게 무료로 배포하는 '신의'를 베풀었던 것이 아니라 당시엔 무료로 배포할 수밖에 없는 컴퓨터 환경이었다는 것이다.

안철수는 1994년 컴퓨터 바이러스 백신 프로그램인 V3를 개발하고 1995년에 연구소를 설립하게 된다. 당시는 컴퓨터가 도스DOS 환경에서 막 벗어나던 때였고 컴퓨터와 인터넷이 서서히 대중화되기 시작하던 시점이었다. 인터넷에서 사진 이미지 한 장 다운받으려면 10분 넘게 걸리던 시절이라고 하면 이해가 쉬울 것이다.

1995년 안철수는 'V3+'를 셰어웨어(시한부 무료 프로그램, 공개 프로그램) 형태로 제공하였고 본격적으로 상용제품(유료)이 출시된 것은 96년 'V3 PRO'부터였다. 그 뒤로는 계속 유료였다. 물론 요즘과 같이 유료제품을 출시하면서도 셰어웨어 제품을 함께 출시하는 식이었다.

안철수는 MBC 〈무릎팍도사〉에서 스스로 7년간 백신을 무료 배포했다고 밝혔는데 이것은 자신의 이미지를 꾸미기 위한 고의적이고 교묘한 거짓말이라고 할 수 있다. 안철수가 1988년 백신을 최초로 개발한 뒤 1994년까지 7년간 백신을 무료로 배포했다는 말인데 당시 컴퓨터 환경은 PC 통신 체계였다. 인터넷 요금은 전화 요금에 합산되어 나왔던 그런 시기였다. 현재의 인터넷 환경이 갖춰진 것은 2000년 들어와서라고 보면 된다.

다시 한번 말하지만, 당시엔 V3 정도의 소프트웨어를 유료로 팔고 싶어도 살 사람이 없었다는 것이다. 유료배포가 불가능했다는 말이다. 안철수는 유료배포하는 것이 불가능했던 시기에 무료배포했다고 자기 자랑을 한 것이다. 그런데 안철수의 무료 배포 신화가 의외로 잘 먹혔다. 왜 그럴까?

　우선 당시 컴퓨터 환경을 아는 사람이 많지 않다. 현재 30대 후반~40대 중반 세대는 알 수도 있는데, 이들도 당시 컴퓨터에 관심이 많았거나 이공계 학생이 아니었다면 잘 모를 수밖에 없다. 90년대 초중반까지만 해도 개인용 컴퓨터를 쓴 사람은 드물었다고 봐야 한다. 당시 386 조립 컴퓨터 가격이 300만 원 정도, 삼성 등의 대기업에서 만든 완제품은 400만 원 정도였다. 하물며 요즘 안철수에 열광하는 주축이라고 할 수 있는 20~30대 SNS 세대들은 20년 전 컴퓨터 환경을 잘 모를뿐더러 설명해줘도 잘 이해하지 못한다. 그래서 안철수의 거짓말이 먹히는 것이다. 어이없게도 안철수가 소프트웨어를 무료로 배포했다고 하면 그것을 요즘 컴퓨터, 인터넷 환경에 맞춰 받아들이는 것이다.

　안철수의 '백신 무료배포 신화'가 현재 대중들에게 먹히는 주된 이유는 안철수의 선행에 대한 감동 때문이다. 즉 '돈을 벌 수 있는 기회를 사용하지 않은 것'에 대한 감동과 감탄인 것이다. 요즘 같은 각박한 사회에서 안철수의 그런 행동은 사람들에게 쉽게 감동으로 다가길 수 있다. 하시반 그 삼농의 배경 조건 자체가 성립하지 않기 때분에 헌제 안철수의 백신 무료배포 신화에 감동하고 있는 대중들은 속고 있는 것이라고 말할 수 있다.

　'안철수가 백신을 무료로 배포한 것은 유료로 배포하는 것이 불가능했기 때문이었다.'라는 이 간단한 팩트가 통하지 않는 상황을 대화로 구성해보자. 실제로 온라인에서 있었던 대화내용이다.

A| 당시에 백신은 다 무료로 배포했다. 지금도 개인용 백신 한국 제품은 대부분 무료 아닌가? 안철수의 무료배포는 그리 칭송할 일이 아니다.

B| 그래도 무료 배포는 사회에 기여한 것 아닌가.

A| 결과적으로 사회구성원들에게 이로운 행위였다고? 그렇다면, 화장품 회사가 샘플 나눠주는 것도 사회 기여의 목적이었다고 말할 수 있는가? 당시에는 안철수의 백신뿐만 아니라 소프트웨어가 유료라는 인식이 없었다. 지금도 한국 백신 제품의 마케팅 전략은 '개인 무료 제공'이다. 백신 상품이 보안서비스로 바뀌고 있기 때문에 그렇다. 안랩은 일본 시장에도 개인에게는 백신 무료 정책을 썼다. 안랩이 일본 사회에 어떤 기여를 했나? 일본인들은 안철수에 대해 우리와 같은 이유로 고마워하고 있나?

B| 하지만 안랩 창립하기 전 7년 동안 혼자 고생해서 개발한 걸 무료 배포한 것은 사실 아닌가?

A| 사실이다. 하지만 그땐 무료 배포하는 분위기와 환경이었다. 안철수만 그랬던 것도 아니다.

B| 그래도 무료 배포는 대단한 일 아닌가?

A| 유료배포가 불가능했던 환경에서 그리 대단한 일은 아니라고 본다. 당시에 지금과 같은 인터넷과 인터넷 결제 시스템, 유료 소프트웨어에 대한 인식이 있었다면 안철수가 백신을 무료 배포했을지는 알 수 없다. 안철수만이 아니라 다른 개발자들도 마찬가지였다. 솔직히 백신프로그램을 팔 수 있는 가게도 제대로 없었다. 전자상가 구석에나 가야 구할 수 있었단 말이다. 안철수가 백신을 '무료 배포'했다고 할 때 어떻게 '배포'를 했는지 아느냐?

B| …… 나눠준 거 아니냐?

A| 어떻게? 무료 다운로드? 아니면 길에서 '백신'을 그냥 뿌리는 방식으로? 소프트웨어를 어떻게 길에서 나눠주지? 노래방 판촉용 휴지도 아닌데.

B| …….

A| 당시엔 지금 같은 '다운로드'라는 게 없었다. 전화 걸어서 PC 통신하던 시절이었다. 소프트웨어 다운로드 받을 줄 아는 사람이 얼마나 됐다고 생각하느냐? '나우누리', '유니텔' 같은 것도 90년대 중반에야 나왔다. 안철수가 백신 개발할 때는 천리안, 하이텔에 특정 분야의 매니아들이 모여서 통신할 때다. 용량 360KB인 손바닥 크기의 디스켓을 아느냐?

B| …….

A| 그 뒤 용량이 1메가 넘어가는 조그맣고 딱딱한 디스켓이 나왔을 때 얼마나 획기적이었는지 아느냐? 그 휴대성 때문에 파일 이동이 편해져서 컴퓨터 바이러스가 많이 옮겨 다녔다. 안철수는 백신을 그 디스켓에 담아서 배포하기도 했고 PC 통신망에도 올렸다. 소스코드도 공개했다. 그래서 무료라고 하는 거다. 당시엔 그런 '인터넷 정신'이 있었다. 지금의 수많은 프리웨어 개발자들처럼.

PC가 대중적으로 보급되고 90년대 중반에 '월드 와이드 웹(WWW)'이 나오면서 인터넷과 컴퓨터가 컴퓨터광이나 이공계 학생들만이 아닌 일반인들의 삶에 들어오기 시작했고 그전의 '무료' 소프트웨어들이 상품화될 수 있는 시장이 비로소 생겼다. 안철수는 그때 자신의 백신프로그램을 유료화했

다. 유료화할 수 있었을 때 유료화했던 것이다. 그게 90년
대 중반 이후의 벤처기업 시대다. 안철수도 그 한가운데에
있었다.

안철수가 안랩을 세우기 이전, '7년 동안 백신 무료배포'는
그 역사 속에서 봐야 한다. 안철수도 7년만 무료배포했고 그
다음부터는 상품화해서 유료로 판매하지 않았느냐. 그런 맥
락이다.

저렇게 친절하게 설명해줘도 요즘 20대들은 당시 컴퓨터 환경
에서 안철수의 '소프트웨어 무료배포'라는 말이 언어도단임을
잘 이해하지 못한다. 물론 대부분의 30∼40대들도 마찬가지다.
아니 안철수 현상은 이미 신화가 됐기 때문에 이해하려고 하지
도 않는다.

## 안철수는 '백신 유료화' 투사였다

안랩에서 본격서으로 상용제품(유료)이 출시된 것은 96년 출
시한 'V3 pro 95'부터다. 그 이후부터 계속 '유료'였다. 즉 컴퓨
터가 제대로 쓰이기 시작했던 초창기부터 안철수는 백신 유료
화 전략을 취했다. 좀 심하게 말하면 안철수는 '백신 무료배포
천사'가 아니라 '백신 유료화 투사'였다고 할 수 있다.

2007년 알집으로 유명해진 '이스트 소프트'와 포털 업체인 '네이버'에서 '알약'과 'PC 그린'이라는 무료 백신 프로그램을 내놓았다. 알약은 백신시장에서 돌풍을 일으켰고 발표 이후 6개월 만에 사용자 1천만 명을 돌파했다. 이에 시장점유율이 떨어질 것을 우려한 안철수는 2008년 '유료 프로그램으로 기획'되었던 '빗자루'를 무료로 출시했고 같은 해 말 'V3 Lite'를 출시했던 것이다.

2007년 안랩은 네이버가 실시간 보안 웹 무료 서비스를 시작하자 크게 반발했다. 당시 안랩의 박근우 홍보팀장은 "네이버가 PC 그린의 실시간 감시, 자동업데이트 등 주요 보안 웹 기능을 무료화할 경우 '시장 지배적 사업자의 불공정 경쟁'을 들어 법적으로 대응하겠다."고 발표한 바 있다. 그러다 2008년 1월 안랩은 결국 네이버 측에 백신엔진을 제공하는 것으로 MOU를 체결하면서 사태가 일단락되는 듯하더니 2008년 4월 네이버 측과의 MOU를 파기하고 "국내에서 단순 마케팅 수단으로 전락한 무료 백신 추세는 세계적으로 유례없는 것으로 바람직하지 않다."며 "공익적 관점에서 실질적으로 국내 보안 수준을 높여 사용자를 보호하고 산업 발전에 기여하는 지속 가능한 사업모델을 만들어나갈 것"이라고 했다. 하지만 2010년 12월 23일 결국 안랩은 '네이버 백신'에 안랩의 V3 엔진을 탑재했다고 밝히고 사태가 종결되었다.

즉 안철수와 안랩은 그냥 이윤추구를 착실히 하는 사업가이고 회사일 뿐이다. 안랩은 최근까지 해마다 주주들에게 30억 이상씩 배당했고 대주주인 안철수는 해마다 14억 원가량을 현금으로 배당받았다. 안철수가 〈무릎팍도사〉에 나와서 자신의 입으로 직접 자신이 7년간 백신을 무료로 배포했다고 자랑한 것은 아무리 생각해봐도 겸손한 인격을 가진 사람이 할 수 있는 말은 아니라는 결론이다.

"한국에서도 소프트웨어 사업으로 자리를 잡을 수 있다는 워킹 모델(work-ing model)을 만들어보고 싶었습니다."

— 2005.3.18. 안철수연구소 창립 10주년을 맞이하며, 안철수


"그래서 외국기업에서 거액을 제시하며 회사를 인수하겠다고 제안한 것도 그 자리에서 거절했고…….”

— 2012.7. 안철수의 생각, 안철수

# 맥아피사의 천만 불 인수제의는 거짓말

## 안철수, 맥아피 천만 불 매각제안 거절 신화는 '거짓말'

최근 안철수 신화와 관련된 중요한 거짓말이 밝혀졌다. 안철수가 세계적 보안회사인 미국 맥아피MacAfee사로부터 1천만 불에 회사를 팔라고 제안받았는데 '애국심' 때문에 거절했다는 일화말이다. 이 일화는 현재 교과서에도 실려 있다. 이 일화는 오늘날 '안철수 신화'의 '기원'이 된 중요한 사건 중 하나다. 참고로 맥아피는 2010년 8월 세계적 IT 회사인 '인텔'에 76억 8천만 달러(9조 125억 원)에 인수되었다. 인텔 42년 역사상 최대 규모의 인수합병이었다. 이처럼 맥아피는 세계 최고의 컴퓨터 보안 회사이다.

안철수는 자기 입으로 "97년 미국 맥아피사의 회장이 미국으로 자신을 불러 안랩을 천만 불에 팔라고 했다"는 내용을 여러 언론과 방송에 소개했다. 이후 이 내용이 '국수주의적 벤처신화'와 맞물려 국민들의 애국심을 자극하면서 '안철수 신화'를 형성하는 주요한 요소 중의 하나가 되었다. 1999년 4월 당시 체르노빌 바이러스가 발생해 국내 관공서, 공기업, 대기업 등의 PC 30만대가 먹통이 되었다. 이때, 안랩이 다른 보안회사들을 제치고 이들 관공서, 대기업 등에 백신을 납품하게 된 데는 그의 '맥아피 천만 불 매각 제안 거절'이라는 애국심 마케팅이 바탕이 되었다고도 할 수 있다.

97년 벤처 호황기 당시 세계적 보안회사인 맥아피가 자산이 5억 9천만 원밖에 되지 않았던 안랩이 뭐가 탐이 나서 천만 불에 팔라고 제안했는지 업계의 상식상 도통 이해가 가지 않았다. 그래서 여러 자료를 뒤져본 결과 안철수 자신의 언론인터뷰, 자서전 언급 등 말고는 천만 불 매각제안과 관련한 어떠한 근거 서류나 국내외 언론 보도를 찾아볼 수 없었다. 실제 그런 일이 있었다면 당연히 천만 불이라는 구체적 액수가 맥아피와 안랩의 오너 간에 오고 갔을 것이고 또 그 전에 공문이 여러 번 왔다 갔다 하면서 가격 등 매각과 관련한 주요한 안건들을 타결하는 과정을 거쳤을 것이다. 그리고 마지막으로 양사 오너끼리 만나 최종적으로 악수하고 사인하는 것이 정상적인 미국 주류사회의 비즈니스 관례다.

그럼에도 안철수는 자신의 자서전과 언론인터뷰 등에서 "맥아피사가 천만 불이라는 거액에 회사를 인수하려고 덤벼들었을 때, 눈앞의 이익보다는 소프트웨어 산업 보호와 직원들에 대한 책임감 때문에 과감히 거절했다."는 내용을 여러 번 언급했다. 또 "자신이 난색을 보이자 자신을 설득하기 위해 맥아피 회장이 맥아피에 회사를 매각한 '제이드'라는 일본회사 사장을 전화로 연결하기도 했다."는 소설 같은 내용이 거론되기도 했다. 나는 이런 황당무계한 '시드니 셀던' 소설 같은 내용이 100% 거짓이라 단정하고 맥아피에 공문을 보내 확인할 것을 여러 언론사에 요구했으나 이를 확인한 언론사는 없었다.

그런데 2012년 8월 15일 〈미디어 데일리〉가 안랩과 맥아피가 서로 합작법인을 설립하기로 했다는 1997년 맥아피사의 '보도자료' 내용을 보도했다. 그 내용은 '맥아피와 안랩이 공동으로 상품을 개발하고 공동으로 물건을 판매하는 법인을 만들어 한국 시장에 판매하는 합작회사를 만든다.'는 것이었다.

맥아피는 '한국 시장'에 진출하기 위해 첫째, 판매지역이 한국에 한정되고 둘째, 독점적으로 안철수연구소 측에 맥아피 기술을 이전해주고 셋째 공동으로 상품을 생산 판매한다는 조건으로 계약을 맺었을 것이다. 〈미디어 데일리〉도 언급했듯이 결국 백신판매의 특성상 '맥아피 백신'을 안랩이 포장해서 판매한다는 조건이었을 가능성이 거의 확실하다. 안철수는 맥아피와의 '국내판매대행 협정'을 윤색해 '천만 불 매각제안 거절'로

둔갑시킨 것으로 보인다.

안랩 측이 맥아피사와 상기 협정을 맺은 97년은 안철수 연구소에 많은 변화가 있던 해다. 안랩은 97년 3월 기존에 연구개발만 하던 사실상의 '연구소' 형태에서 기업으로 바뀌었는데 당시 안철수연구소는 V3 백신을 개발만 하고 판매권은 '한글과 컴퓨터'가 독점하는 형태(5억 매출 보장, 그래서 95, 96년 2년간 안철수연구소의 매출이 5억 대였다.)였다. 그러나 영업성과가 없고 한컴의 자금 사정이 어려워지자 안철수연구소는 한컴과 갈라서고 홀로서기를 했다. 이때 안철수는 미국 '펜실바니아 대학University of Pennsylvania'에서 기술경영학 석사 과정을 밟으면서 한국과 미국을 왔다 갔다 하고 있었다. 안철수연구소는 한컴의 독점판권을 회수한 뒤 3월 맥아피와 한국 판매협정을 맺었다. 협정 이후 안철수연구소는 이를 토대로 삼성SDS를 새로운 전략적 파트너로 끌어들여 4억 8천만 원을 투자받은 것으로 보인다.

이상의 사실을 볼 때 맥아피와 협정을 맺은 것은 삼성SDS를 끌어들이기 위한 미끼가 아니었는지도 의심된다. 실제로는 맥아피와 회사설립이 이루어지지 않았다. 97년 3월 당시 자본금 1억 수준이던 안철수연구소가 맥아피 측과의 협정대로 자본금 20억 중 51%인 10억 이상을 감당할 능력이 안 됐기 때문일 것이다. 이후 97년 4월 4일 안랩은 5천 주 유상증자를 실시해 주식을 2만 주에서 2만 5천 주로 늘리고 삼성SDS를 끌어들였다.

97년 6월 안철수는 '미국 펜실바니아 공대 유학 중일 때 맥아피로부터 회사로 초청받아 천만 불 매각제안을 받았고 일거에 그 자리서 거절했다.'는 '이야기'를 만들어 냈다. 안철수는 스스로 글에서 "외국기업이 안랩 지분인수나 합작법인 설립을 제안하기도 했지만, 세계적 기업이 거액을 들여 인수할 만큼 한국 보안시장의 장래가 밝다면 안철수연구소가 해볼 수도 있다는 의지가 생겼다."고 했다. 당시 한국은 일본에 이어 제2의 백신 시장이었기에 안철수는 사용자의 지지를 얻고 있던 자기 회사를 맥아피 같은 외국회사가 넘어야 할 산이었다고 했다.(그러나 97년 말 곧바로 IMF가 왔다.)

여기서 문제는 맥아피가 매각이나 합작법인을 제의한 것이 아니라 안랩 스스로 '맥아피와의 기술도입 및 한국 독점판매 계약'을 맺었다는 데 있다. 이 말은 위 안철수 자신의 말과 배치된다.(안랩은 맥아피와의 협정을 공개하지 않았다.) 맥아피와 기술도입 및 판매협정을 체결했으면서도 이를 파기한 뒤 이 사실을 여태까지 숨기며 "합작법인 설립 제의를 거절하고 천만 불 매각도 거절했다."고 지금까시 15년간 거짓말을 하고 교과서에까지 실리는 전설의 영웅이 되었던 것이다.

'맥아피 천만 불 제안'은 안철수 자신이 직접 한 말이기 때문에 이제 이 말을 부정하는 구체적 의혹이 등장한 이상 본인의 의혹을 해명하겠다고 만든 페이스북 '진실의 친구들'(운영자: 금태섭)에서 안철수 본인이 직접 해명하기 바란다. 안철수 말고는 맥아피 현장의 일을 증언해 줄 사람은 아무도 없기에 이 문제는 본인이 직접 정확히 밝혀야 한다.

## 안철수의 '백신 애국신화'와 감춰진 위선

'맥아피 천만 불 매각 제안'을 안철수의 말에 따라 재구성해 보자. 일단 안철수의 말을 있는 그대로 먼저 소개한다. 아래는 2002년 10월 28일 〈한국경제〉의 'CEO 회고 – 잊을 수 없는 이야기' 기사에서 안철수가 직접 소개한 내용을 바탕으로 구성한 것이다.

맥아피 회장| 당신 회사 인수조건으로 1천만 불 주겠다. 현금이든 주식이든 원하는 대로.(이때 안철수는 당시 연 매출이 10억 원에 불과힌 점에서 이 액수는 상상을 초월한 가격이라고 했다. → 안철수는 여기서도 거짓말을 했다. 96년 안철수연구소의 연 매출은 5억 9천만 원이었다.)

안철수| (갈등과 고민, 번뇌를 거듭하다가) 댁의 제안은 고맙지만 우리 회사는 팔 물건이 아니오.(그들 목표가 한국 유일 백신 업체를 없애고 시장을 통째로 먹으려는 의도라고 간파해서.)

맥아피| 그 정도 돈이면 미국에서 요트 타며 평생을 편안히 보낼
　　　수 있을 정도다.

안철수| (맥아피가 한국 유일의 바이러스 백신업체를 제거하여 국
　　　내시장을 장악하려 한다고 의심하며 매각 제안을 뿌리치기
　　　위해 역제의) 맥아피의 마케팅 노하우와 안철수 연구소의
　　　기술력을 결합한 합작법인을 설립하자!

맥아피| (역제의를 탐탁지 않게 여기며) 합작법인 No, 대신 '영
　　　업부문 제휴' 하자!

안철수| OK (하지만 '영업부문 제휴' 계약을 체결하고 얼마 지나
　　　지 않아 맥아피가 일방적으로 해지 통고했다.)

안철수| 이로써 안랩 제거가 그들 목표였음이 드러났고 맥아피에
　　　회사를 판 일본회사는 맥아피 수중으로 들어갔으며 안랩은
　　　한국 유일의 토종 백신업체로 살아남아 한국 시장을 지키는
　　　계기가 되었다. 돈과 명예는 본질이 아니라 노력의 결과다.
　　　중요한 판단을 할 때 돈을 고려하지 않는 게 바람직하다. 그
　　　럼, 어떤 결정을 내릴지 명확해진다.

이상의 일화는 그의 책《영혼이 있는 승부》와 언론 인터뷰에 실렸고 이제는 교과서에까지 실린 전설이 되었다. 안철수는 97년 5월 펜실바니아 대학교에서 기술경영 석사과정을 마치고 한 달 뒤인 6월에 맥아피 본사에 간 것으로 보인다. 위 대화를 보면 그는 천만 불 매각제안을 받은 자리에 사전 정보도 없이 혼자 뚜벅뚜벅 갔고, 맥아피 회장은 서류 하나도 없이 마치 거부할 수 없는 제안을 하는 마피아 보스처럼 느닷없이 천만 불을 제시했다.(소설이나 영화 같지 않은가?)

'CEO 회고'에서 안철수는 자신이 매각제안을 거절하면서 먼저 합작법인 설립을 제안했으나 탐탁지 않게 여긴 맥아피 측이 대신 '영업부문 제휴'를 들고 나와 계약을 체결했고 얼마 지나지 않아 일방적인 해지통고를 했다고 했는데 실제로 맥아피 보도자료, 또 여타언론 보도자료와 다른 사실이 많다.

지금까지 나열한 사실을 보면 안철수는 ①자기가 먼저 제안한 합작법인 설립 부인 ②이를 '유통제휴'라고 호도 ③법인설립 결렬 사유가 맥아피 때문이라고 전가하는 3가지 거짓말을 한 것으로 드러났다. 그는 디테일한 부분에서 상당수의 사실관계를 왜곡함으로써 자기에게 유리한 방향으로 포장하고 '맥아피 천만 불 매각제안 거절, 백신 애국신화'를 만들었다.

여기에서 정말 중요한 또 다른 부분은 세계적 보안전문 회사에 합작법인 설립을 제안해 협정을 맺고 국내에 이를 유통시키려 하다가 양사의 이해관계로 틀어졌다는 것이다. 그는 결국 당시에도 이미 국내에 총판, 대리점 등으로 진출해 있던 맥아피의 '전 제품'과 심지어 합작사의 '네트워크 진단 관리제품' 그리고 '여러 종류의 보안, 관리 소프트웨어'를 한국에서 독점적으로 공급하는 마케팅 회사를 설립하려 했던 것이다. 이것이 애국인가.

맥아피 측 보도자료 말미에 따르면 안철수는 다음과 같이 말했다. "이번 합작을 통해 우리의 경쟁력을 높이고 한국 소프트웨어 산업의 발전에 큰 도움이 되리라 믿는다." 자기 스스로 국내 유일한 토종 백신업체라면서 규모, 능력에서 비교가 되지 않는 세계적 회사와 합작회사를 만들어, 그 회사 제품을 다 들고와 기존 국내 맥아피 판로를 장악하고 한국시장을 독점해서 팔아먹겠다고 했던 것이 도대체 무슨 '백신 애국주의'인가?

그나마 취약한 국내 시장에 자기 말고는 백신회사도 없는데(이것도 전적으로 안철수의 말일 뿐이다.) 미국 거대 회사의 '국내 독점 유동판매 회사' 대표가 뇌셨나는 섯이 어떻게 애국인가? 진보진영, 야권은 한미 FTA를 반대하면서 내세운 논리가 농업, 지적재산권 등 취약한 분야의 국내 시장을 보호하기 위해서라고 말하고 있지 않은가? 비유하자면 한국에서 하나뿐인 독보적 쌀 농가가 있다고 치자. 한국시장은 미국 쌀 시장에 비해 매우 영세하고 취약하다. 그런데 전 세계에 쌀을 공급하는 거대한 미국 쌀 회사와 한국의 유일한 쌀 농가가 제휴를 맺고, 한국 쌀시장에만 독점적으로 미국 쌀을 공급하는 유통회사를 만들었다면 이것은 애국인가 매국인가?

"예를 들면 MBC TV 〈무릎팍도사〉에 출연했을 때 강호동 씨가 "직원들에게 다 무상으로 주식을 줬더라고요?"하고 제게 묻는 장면이 나왔어요. 그런데 이걸 제가 직접 "직원들에게 주식을 다 주고 나왔다"고 얘기한 것으로 바꿔놓고는 거짓말한다고 하는 식이지요.(웃음) 사실은 '모든 직원들에게 일정하게 주식을 나눠줬다'는 것인데 말이에요."

– 2012.7. 안철수의 생각, 안철수


"나눔이라는 것은, 가진 사람이 덜 가진 사람에게 시혜성으로 베푸는 것이 아니라 사회구성원으로서 자기 역할을 하는 것이라고 생각합니다. 나에게 나눔이란 '세상을 향한 아름다운 의무'인 것입니다."

– 2008.11. 아름다운 재단, 안철수

# 안철수는 직원들에게
# 자신의 주식을 무상증여 했는가?

## 안철수의 '주식 무상 증여'는 교묘한 '거짓말'

안철수의 주식 무상 증여는 안철수 신화의 또 하나의 강력한 출발점이다. 안철수가 자신의 주식을 직원들에게 모두 나눠주고 유학길에 올랐다는 것. 여기서 필자는 2009년 6월 17일 방송되었던 〈무릎팍도사〉를 본 독자들에게 한 가지 질문을 하고 싶다.

"당신은 당시 안철수가 직원들에게 자신의 주식을 '모두 다 나눠주고' 새로운 도전을 위해 유학을 갔다는 것으로 이해하지 않았나?"

많은 국민들이 안철수가 2000년 10월 BW 인수 직후 전 직원들에게 회사 주식을 무상으로 모두 나눠주고 유학을 떠난 것으로 알고 있었고 지금도 많은 사람들이 그렇게 알고 있다. 대다수의 국민들이 그렇게 알고 있었기 때문에 당시 안철수의 말에 감동을 받았던 것이다.

하지만 팩트는 이렇다. 당시 안철수는 직원들에게 각각 650주씩 총 8만 주를 나눠줬다. 그런데 안철수가 직원들에게 나눠줬던 지분은 안철수 자신의 전체 지분 중 겨우 1.52%에 불과했다. 당시 우리나라의 숱한 벤처기업들 중에서 직원들에게 저 정도 지분도 안 나눠줬던 곳이 그리 흔했을까? 당시에는 다들 직원 입막음용으로 주식을 조금씩 나눠주기도 하던 때였다.

당시 〈무릎팍도사〉에서 안철수가 직원들에게 주식을 무상으로 양도했다고 이야기했던 부분을 살펴보자.

강호동| 전 직원들에게 다 주식을 무상으로 주셨더라구요?

안철수| 아……. 예 그것도……. 그때 직원들에게……. 같이 키워온 회사이니까 무상으로 나눠주는데 엄명을 내렸죠. 절대로 주위 사람들에게 이야기하지 마라……. 언론에 나가면 안 된다……. 이건 우리끼리의 문제고, 그게 바깥으로 나가면 오히려 오해도 살 수 있고 부작용도 생길 수 있다. 그랬었어요. 그랬는데……. 2주 정도가 지나니까, 백여 명의 직원들이 있다 보니까 결국은 새어 나가더라고요.

그래서 그날 이제 알게 된 언론사 두 군데서 취재를 하러 오셨는데요. 제가 너무 취재 당하기가 싫어서……. 그 당시에 회사가 중앙에 엘리베이터가 있고, 'ㅁ'자형 사무실이었습니다. 그래서 저는 한쪽으로 뱅뱅 돌면서 도망치고 다른 언론사 기자 분 둘은 또 뱅뱅 돌면서 저를 쫓아오고 그랬었어요. 한 번도 이렇게 반대로 오실 생각은 못하시더라고요. 그런데 결국은 제가 얼굴이 안 나온다는 조건으로 이제 목소리만 나오게 하겠다고 해서 찍었는데요. 나중에 보니까 제 손만 찍어 가셨더라고요. 손 꼼지락 꼼지락 하는 것만 9시 뉴스에 나오게 됐어요, 제 목소리하고…….

강호동| 무상의 가장 큰 의미는 뭡니까, 직원들에게?

안철수| 저 혼자서 그런 조그만 성공을 이룬 건 아니거든요. 거기에는 무수한 직원들이 자기 일처럼 열심히 했던 그런 한 사람 한 사람의 정말…….


우선 진행자 강호동의 질문 자체가 아주 애매하다. 그리고 엄밀하게 말하자면 안철수는 자신의 주식을 모두 줬다고 정확하게 말한 적은 없다. 안철수는 여기에 대해 계속 마음에 걸렸는지 이례적으로 자신의 책 《안철수의 생각》에서 주식 무상증여

신화에 대해 해명을 했다.

> 시장후보, 대권후보로 거론되니까 상당히 많은 오해가 생기더군
> 요. 그럴 땐 저도 좀 서운했지만 '바로 이런 것이 정치세계구
> 나!'라고 생각했죠. 예를 들면 MBC TV 〈무릎팍도사〉에 출연했
> 을 때 강호동 씨가 "전 직원들에게 다 무상으로 주식을 줬더라
> 고요?" 하고 제게 묻는 장면이 나왔어요. 그런데 이걸 제가 직
> 접 "직원들에게 주식을 다 주고 나왔다"고 얘기한 것으로 바꿔
> 놓고는 거짓말한다고 하는 식이지요. (웃음) 사실은 "모든 직원
> 에게 일정하게 주식을 나눠줬다"는 것인데 말이에요.

나는 안철수의 변명이 매우 궁색하다고 느낀다. 안철수에게
묻고 싶다. 안철수의 해명을 있는 그대로 받아들인다고 할 때,
그렇다면 과연 주식 1.52%를 전 직원에게 나눠줬던 것이 〈9시
뉴스〉에 나올만한 일이라고 생각하는가. 그리고 그 정도 가지
고 취재거부를 하기 위해 취재진과 숨바꼭질까지 할 정도라고
생각했던 건가. 안철수는 취재진이 반대쪽으로 올 생각을 못하
더라고 했는데 안철수 본인은 취재 사양을 할 생각은 안 해봤
나. 주식 무료 증여 관련 내용은 〈9시 뉴스〉와 〈무릎팍도사〉에
서 연이어 우려먹었던 것인데 국민들이 계속 오해하고 있었던
것이 순전히 국민들의 탓인가.

안철수는 《안철수의 생각》에서 "이 부분에 대해 충분히 해명
했느냐?"는 인터뷰어의 질문에 "해명할 것은 했지만, 억지를
쓰는 일부 공세에 대해선 그러는 이유가 보이니까 오히려 무시
했습니다. 결국, 중요한 건 진실이니까요."라고 했다.

강호동의 교묘한 질문과 안철수의 천연덕스러운 저 대답을
보면 과연 누가 겨우 주식 1.52%를 나눠줬을 거라고 생각하겠
는가. 실제로 〈무릎팍도사〉를 보고 안철수를 존경하게 됐다는
사람들에게 직접 물어보라. "안철수가 자신의 주식을 직원들에
게 모두 다 양도하고……." 운운할 것이다. 심지어 당시 안철수
가 주식을 다 내놓고, 즉 자신의 회사를 직원들에게 모두 주고
자신은 새로운 도전을 위해 유학을 떠나는 것으로 받아들였던
사람들이 대부분이었다.

보통의 상식과 인격을 가진 사람이 자신의 주식 지분 중 겨우
2%도 안 되는 액수를 전 직원들에게 나눠주면서 저런 식의 생
색을 낼 수 있다고 생각하는가. 그것도 방송에까지 출연하면서
말이다. 자신의 전 재산을 다 내놓을 정도는 돼야 서 성노 이야
기를 할 수 있는 거 아닌가? 안철수는 보통 상식을 가진 사람들
이라면 낯간지러워서라도 결코 할 수 없는 고도의 언론플레이
를 했고 그것으로 신화를 만들었다. 그런데 최근 이 문제가 불
거지자 기껏 한다는 해명이 결국 '오해', '남 탓', '(불순한) 의
도' 타령이다.

# 안철수 기부의 문제점

## 기부 이전에 따져봐야 할 안랩의 주가변동

2011년 서울시장 보궐선거 이후 안철수의 정치 행보가 시작된 이래 안랩의 주가는 그의 말 한마디 행동 하나에 따라 요동쳤다. 일각에서는 그가 권력과 명예, 돈 중의 하나를 택해야 하는 것이 아닌가 하는 우려도 있었다. 이런 우려에 반응한 것인지 그는 2011년 11월 14일, 자신이 보유한 안랩의 주식 37.12% 중 절반에 해당하는 1천5백억 원 정두(당일 기치)를 사회에 기부한다는 의사를 밝혔다.

기부 그 자체로서는 대선을 노리고 한 것이든 또 다른 정치적 목적이 있든 관계없이 바람직한 것임이 틀림없다. 항간에 그의 기부를 둘러싼 일부 의혹 제기는 정치 사회적인 모든 현상은 무조건 부정적으로 보는 바람직하지 못한 의도에서 비롯된 것이라고도 할 수 있다. 안철수의 이번 기부는 그 자신으로서는 매우 시의 적절했고 잘한 일이었다. 만약 조금 더 늦어졌더라면 어떤 형태로든 안철수의 주식과 관련해서 본격적인 검증대에 올랐을 가능성이 컸다.

그의 회사 주식은 상장 이후 벤처붐이 꺼지자 오랫동안 2만 원 미만 선에 머물렀다. 이 가격은 안랩의 매출, 수익, 전망 등을 고려한 적절한 가치로 평가할 수 있다. 그러나 그가 2011년 5월 22일 '청춘콘서트'를 시작하고 8월 이후 그가 자주 언론에 오르내리기 시작하면서 안랩 주가는 3만 5천 원 수준까지 올라갔다. 그리고 9월 초 시장출마 의사가 거론되자 4만 8천 원 선까지 올라갔다가 이후 10월 초에 다시 3만 원대 수준으로 복귀했다. 그리고 10월 초 박원순 지지와 대선 출마가 거론되면서 다시 안철수가 언론에 등장하자 안랩의 주가는 치솟기 시작했고 보궐선거 이틀 전엔 10만 원까지 올랐다. 이후 주가는 다시 떨어져 5만 원대에 머물다 정계개편과 더불어 '안철수 신당 및 야권통합 참여' 이야기가 나오기 시작하자 8만 원대로 뛰었다. 그리고 작년에 주식 기부의사를 밝히자 그것이 대선 출마 의지로 해석되어 주가는 곧바로 9만 원대로 올랐다.

안랩의 주식은 천만 주가 조금 넘어 주가가 10만 원까지 가면 총액이 1조 원이 조금 넘는다. 현재 그가 보유한 주식 총액은 3천5백억 원에 달한다. 올 초 한때 안랩의 주식은 시총 1조 7천억 원에 육박했다. 매출 천억 원도 안 되는 회사에서 이것이 정상인가. 따라서 그는 주식 절반을 기부하고도 애초보다 두 배가 훨씬 넘는 가치의 주식을 보유한 셈이 됐다. 그의 기부를 폄하하는 것은 아니지만 만약 그가 기부의사를 밝히지 않았다면, 그의 회사 주가는 탈법이 아니더라도 나중에 그의 도덕성에 결정적인 흠결로 작용했을 가능성이 컸다.

## 안철수가 주식기부를 한꺼번에 못하는 이유

우리나라에 기부 열풍이 불고 있다. 김장훈 등 연예인들이 상시로 억대에 이르는 액수를 기부했다는 소식이 심심찮게 들려오고 있으며 마치 기부 배틀이라도 벌이듯 연예인들 사이에 기부가 유행하고 있다. 재계에도 기부 열풍이 불었다. 2011년 8월 17일 정몽준 새누리당 의원(현대중공업 대주주)이 KCC, 현대해상화재보험, 현대백화점 등과 함께 5천억 원 규모의 '아산나눔재단'을 만들어 2천억 원을 내놓은 데 이어 정몽구 현대차그룹 회장도 글로비스 주식처분으로 5천억 원을 기부하셨다고 했다. 그런데 정몽구 회장의 경우 기부형태가 특이하다. 약속했던 보유 주식 7.02%를 한꺼번에 기부하지 않고 우선 절반인 3.51%만 증여하고 재단이 해당 지분을 정리하면 나머지 3.51%를 증여할 계획이라고 한다. 이왕에 기부하는 거 폼 나게 한꺼번에 하지 못하고 반씩 나눠서 내놓는 이유는 다름 아닌 세금 때문이다.

현행 상속·증세법상 공익법인에 출연된 재산은 증여세가 과세되지 않는 것이 원칙이다. 하지만 '주식 기부'의 경우에는 얘기가 달라진다. 공익법인이 출연자와 '특수관계'인 기업의 의결권 있는 발행주식 총수의 5%를(성실공익법인은 10%) 초과해 취득하거나 보유할 경우, 그것이 비록 기부형태라도 '증여'로 판단해 최대 50% 세율의 증여세가 부과된다. 기업들의 입장에서 순수한 기부에 세금 폭탄이 떨어진다고 하소연하는 이유도 이 같은 '고세율'이 부담으로 작용하기 때문이다. 정부가 기부를 적극 장려하면서도 일정 기준을 두고 세금을 부과하는 데에는 나름 일리 있는 이유가 있다. 그동안 공익재단에 대한 기업의 주식 양도가 겉으로 보기와는 달리 순수한 의도가 아닌 경우가 많았다고 보고 있는 것이다. 기부를 받은 재단들이 장학 사업 등을 하고는 있지만 그것은 일부에 불과하다는 견해가 많다. 기부한 주식이 회사에 대한 지배권을 계속 유지한다면 사실상의 부의 무상이전 효과가 생기는 것이기 때문에 세금 포탈을 목적으로 쉽게 악용될 수 있다. 실제로 상당수가 기부를 법정기부금 단체 등에 하는 것이 아니라 본인이 직접 공익재단을 설립한 후 기부형태로 주식을 양도하고 있고 여기에 이런 의도가 다분히 있는 것으로 추측할 수 있다. 현대그룹의 기부도 기존의 다른 공익재단에 하는 것이 아니라 자신들이 직접 '아산나눔재단'을 설립하고 운영하는 형태다. 재계를 중심으로 매년 쏟아져 나오는 '주식 기부한도를 늘려 달라', '세율을 낮춰 달라'는 요청을 정부가 받아들이지 않고 있는 것도 이런 이유에서다. 안철수가 기부하겠다고 공언한 주식으로 공익법인, 그 중에서도 '성실공익법인'을 검토 중이라고 한다. 안철수가 성실공익법인을 검토하고 있는 이유도 바로 세금 때문이다. 공익법인이 상증법에서 정한 해당 요건을 만족하면 성실공익법인으로 인정받고 상증법상의 세제혜택을 받는다. 공익법인이 성실공익법인이 되면 주식을 기부(또는 취득)할 때 비과세되는 범위가 두 배로 늘어난다.

그런데 이 성실공익법인은 공익법인 세우고 적어도 1년은 지나야 '판정'이 되는 것이다. 그것도 한번 '성실공익법인'이었다고 영원히 성실공익법인으로 인정받는 게 아니라 해마다 '판정' 당하는 것이다. 처음부터 '성실공익법인'을 설립할 수 있는 게 아니라는 말이다. 정확히 말하면 공익법인을 세우고, 해당 조건에 맞춰 운영해서 성실공익법인으로 판정되도록 노력해야 하는 것이다.

안철수가 아랩 주식 소유분의 절반인 18.55%를 기부하면 기부받은 법인은 증여세를 낸다. 공익법인은 지분 5%까지 세금이 면제되고 성실공익법인은 지분 10%까지 면제된다. 이것이 안철수가 자신이 기부하기로 한 주식을 한꺼번에 기부하지 않고 있는 이유다. 안철수에겐 시간이 필요한 것이다. 앞으로 대선이 어떻게 될지 모르니 기부를 완성하는 데는 더더욱 시간이 필요할 것이다.

## 안철수의 기부에 대한 언론의 과도한 찬사

2011년 11월 16일 〈동아일보〉는 '나눔 실천한 후 2분간 딱 두 마디……. 말 뿐인 여의도 정치 허를 찔렀다.'라는 제목의 기사를 통해 "기존 정치 문법 깬 안철수식 노블레스 오블리주 정치"라며 안철수의 기부를 찬양했다. 〈조선일보〉 또한 안철수의 기부에 대해 '與, 안철수 기부에 충격……. 민생 매진', '野, 안철수 기부 환영……. 보탬의 정치', '정몽준 "안철수 정치 참여, 필요한 일"', '박근혜, "안철수 재산환원은 좋은 일"' 등의 기사를 실으면서 안철수 관련 보도를 대대적으로 쏟아냈다. 특히 중앙일보의 기사 제목은 '안철수, 빌 게이츠처럼……. 공익재단 세워 기부할 듯'이다.

이명박은 지난 대선 당시 민법상 재단법인, 법인세법상 비영리법인, 상속세 및 증여세법(이하 상증법)상 공익법인인 '청계재단'을 설립하고 자신의 소유 부동산을 기부했다. 안철수도 민법상 재단법인, 법인세법상 비영리법인, 상증법상 공익법인을 설립한 것은 이명박의 경우와 같다. 하지만 안철수는 부동산 대신 소유 주식을 기부한 것만 다르다. 즉 이명박의 청계재단과 안철수가 만든 '안철수재단'은 둘 다 똑같은 공익법인이다. 즉 〈중앙일보〉 기사 제목을 '안철수, 이명박처럼……. 공익재단 세워 기부할 듯'이라고 해도 된다는 말이다.

기부발표 이후 안철수는 기부 관련 실천을 마무리하지 않고 여러 가지 이유를 대며 머뭇거리는 모습을 보이고 있다. 그런데 언론은 안철수에 대해 과도한 찬사를 보내는 것에 그치지 않고 사실 왜곡까지 하면서 안철수의 기부를 특별한 것으로 만들었다. 〈한겨레〉는 당시 '안철수 기부, 사회적 나눔 운동 불붙일 조짐'이라는 제목의 기사에서 이렇게 썼다.

> 안 원장이 본인의 주식을 어떤 방식으로 출연할지에도 관심이 모인다. 아직 구체적인 논의는 이뤄지지 않았지만, 기부금을 운영할 재단을 설립하는 기존 재벌 및 일부 유명 인사들의 방식과는 모양새를 달리할 거란 전망이 나온다. 사회 기부를 빌미로 친인척 및 자녀에게 재산을 증여하는 편법적 수단이란 비판을 의식하지 않을 수 없기 때문이다. 여기에 대안으로 제시되는 것이 '성실공익법인'이다. 운용소득의 80% 이상을 직접 공익목적에 쓰고 출연자나 특수관계자가 이사의 5분의 1을 초과하지 않는 조건으로, 기부금 운용의 투명성과 독립성을 보장하는 법인 형태다.

한겨레만이 아니라 대부분의 언론사들이 저런 식으로 썼다. 우리나라 언론사 기자들은 기초적인 용어에 대해 검색조차 하지 않는 모양이다. '성실공익법인'과 '공익법인'의 차이점이 뭔지 모르고 있는 것 같고 이명박이나 다른 기업인들과 전혀 차이가 없는 안철수의 기부 방식을 뭔가 특별한 차이점이라도 있는 것처럼 특별하게 보도했다. 안철수의 재산환원방식은 정몽준, 조용기, 이명박의 재산환원방식과 달리 신선하고 차별화되어야 한다는 '보도지침'이라도 있는 것이 아닌가 하는 생각이 들 지경이다.

## 주식기부에 대한 김어준의 이중잣대

작년 팟캐스트 방송 〈나꼼수〉에서 BBK를 다루면서 다스 주식 5%와 청계재단의 관계를 언급한 적이 있다. 다스의 최대주주였던 이명박 대통령의 처남 김재정 씨가 사망한 후에 김재정 씨의 부인이 남편에게서 상속받은 다스 지분 중 5%를 청계재단에 '꽂으면서' 2대 주주였던 이명박 대통령의 형 이상은 씨가 다스의 최대주주가 되었고, 청계재단이 다스의 캐스팅보트 역할을 한다는 내용이었다. 이것은 BBK와 다스의 실소유주가 누구냐를 따질 때 빠지지 않고 언급되는 사례다. 김재정 씨의 부인은 다스 주식 지분 5%(100억 원 상당)를 공익법인인 청계재단에 '기부'했고 청계재단은 다스의 3대 주주가 되었다는 것이 요지다. 이 사례를 두고, 김어준은 기부가 아니라 '꼼수'라고 말했다.

> 5%를 떼어 와서 어디에다 꽂아야 하는데, 고민 고민하다가 할 수 없이, 사회환원 했다고 하는, 재단에다 지분을 꽂았다. 이게 말도 안 되는 거다. 꼼수로 고민하다가 도저히 해법이 안 나오니까 청계재단에 꽂았다. 그리고, 이걸 기부라고 포장을 한다고 쳐보죠. 아니, 기부를 누가 회사 지분으로 합니까? 기부를 하면 현금으로 하거나 하지, 경영 참여하라는 기부가 어딨어요?
>
> (〈나는 꼼수다〉 1회. BBK 총정리. 54분 즈음.)

그런데 안철수가 자신의 소유 주식을 '안철수 재단'에 기부하겠다는 발표에 김어준이 한 말을 살펴보자. 김어준은 2011년 11월 15일 〈경향신문〉 기사에서 안철수의 기부 행위에 대해 "진보건 나발이건 자기 돈 1천5백억 원을 이런 식으로 내놓는 사람은 없다"며 "보수진영에서 안철수 기부를 문제 삼는 사람들은 그때마다 자기 돈 최소한 1천5백만 원씩 기부하고 떠드는 게 예의다. 그러지 않을 거면 입 다무는 게 염치"라고 말했다.

청계재단과 안철수재단은 기본 구조가 똑같은 것이다. 하지만 김어준은 안철수의 기부행위는 선한 것이라고 단언했다. 즉 "안철수는 그러실 분이 아니다!"라는 것이다. 이것은 명백한 이중 잣대다. 김어준도 '안철수 신화'에 빠져있기 때문에 상식적인 판단력을 잃어버렸다고 할 수 있다.


## 안철수는 '착한 자본가'일까?

언젠가부터 KBS, 동아일보 등을 중심으로 퍼지고 있는 '기부' ,'나눔'이라는 흐름이 있다. 안철수는 그 흐름에 올라탔다. 거기에 안철수는 '영혼이 있는 기업', '착한 자본가' 등의 말들을 얻었고 그것은 신드롬이 되었다.

최근 안철수의 행보에 따라 안랩 주식에 투기자본이 유입되면서 주식 시장에 혼란을 가져왔다. 그리고 주식 기부를 발표하면서 안랩 주가는 또 덩달아 뛰었다. 강용석이 안랩의 배당성향을 지적하자 안랩 관계자는 강용석이 자본주의를 모른다며 뭐가 문제냐고 반응했다. 잘못된 건 없다. 다만 안철수 연구소는 산업활동보다는 주주의 이익을 중시하는 주주 자본주의에 충실한 기업일 뿐이라는 것이다.

기업의 사회적 참여란 '성실한 세금 납부'와 '일자리 창출'이다. 그런데 언젠가부터 '착한 자본가'라는 말이 떠돌기 시작했고 '기부액'이 그 기준이 되었다. 기업인이 사회적 책임을 다하고 싶다면 세금을 성실하게 납부하면 된다. 그리고 자신의 기업이 더 경쟁력을 가질 수 있도록 투자를 하면 그것이 바로 사회적으로 일자리 창출을 하게 하는 것이다. 그리고 수출에 힘써서 외화를 벌어오면 더 좋고 그러고도 뭔가 더 나눔을 실천하고 싶다면 기부를 하든지 말든지 알아서 하면 되는 것이다.

그런데 안철수는 기업가로서 본연의 산업활동보다는 '주식 자본가'의 모습을 훨씬 더 많이 보여주고 있다. 그런데도 '착한 자본가' 행세를 할 수 있는 것은 바로 '기부' 때문이다. 안철수의 친구인 주식투자 전문가 박경철도 그런 흐름에 동참하고 있다. 바로 '박애 자본주의' 전파가 그것이다. '박애 자본주의'란 '승자만을 위한 자본주의에서 모두를 위한 자본주의로'라는 부제를 달고 나온 경제학자 두 사람이 쓴 책 제목이다. 박경철이 여기저기서 추천하고 다녔던 책이다.

지금 우리나라뿐만 아니라 전 세계가 겪고 있는 문제, 즉 '세상은 발전하는데 왜 우리는 점점 살기 어려워지는가'의 문제에서 금융자본주의라는 시스템이 주범으로 지목되고 있다. 1%를 위해 99%의 호주머니를 터는 시스템 말이다. 그런데 안철수와 박경철이 전파하고 있는 박애 자본주의가 금융자본주의 시대의 모순을 해결할 수 있는가? 한 손으로는 돈을 빨아들이고 나른 한 손으로는 '인간의 얼굴을 한 자본주의'정신에 따라 다시 나눠주기 하자는 건가? 과연 기부라는 것이 착한 자본가를 판단하는 기준이 될 수 있는지 의문이다.

# Delusion

3부

안철수라는 사람

“제가 삶에서 가장 중요하게 여기는 것은 정직, 성실 그리고 끊임없이 공부하는 자세, 이렇게 세 가지입니다. 단어로만 봤을 때 얼핏 구태의연해 보이기까지 하는 이 세 가지를 일일이 설명할 필요는 없겠죠?”

- 2011.5.29. 경향신문, 안철수


“다른 사람에 대한 비판에는 비판하는 이의 인생관이 반영되는 경우가 많습니다. ‘내가 그러니 저 사람도 그럴 것이다’라고 생각하는 거죠.”

- 2012.7. 안철수의 생각, 안철수

# 안철수의 전반적인 성향을 알 수 있는 몇 가지 일화들

**"젊은 날, 가장 힘들었던 경험은 무엇입니까?"**

2011년 5월 29일 〈경향신문〉 '안철수, 그가 젊은 세대에게 전하는 여섯 가지 고언'이라는 기사에 아래와 같은 이야기가 있다. 안철수의 성향이나 가치관을 엿볼 수 있는 일화라고 생각해서 소개한다.

안철수는 의대 본과 시절 1학년 과정이 끝난 겨울 방학 때 부산에 내려가서 실컷 놀았는데 다시 서울에 올라가야 한 때가 되자 의대의 경쟁적이고 비인간적인 생활을 계속해야 한다는 사실에 혼자가 된 듯한 기분을 느꼈다고 한다. 그리고 당시 주위에 친구도 없어 고민을 털어놓을 사람도 없었고 멀리 있는 부모들은 생각을 공유하는데 한계가 있었기 때문에 당시가 평생 가장 어려운 시기였던 것 같다고 했다.

또 안철수는 당시 소위 방황이란 걸 했는데 그때 어쩔 줄 몰라 하다가 결국은 어머니에게 전화를 걸어 울면서 "어머니, 공부가 너무 힘이 듭니다."라고 했고 놀란 어머니는 서울에 올라와 안철수를 위로했지만 안철수는 어머니를 보자마자 눈물부터 나왔다고 했다.

여기서 우리는 안철수라는 인물이 매우 감성적이고 험악한 경쟁 사회에 체질적으로 거부감을 가졌던 자유로운 영혼임을 엿볼 수 있다. 그게 아니라면 대중들이 자신을 그렇게 받아들이도록 호소했던 것인지도 모르겠다. 판단은 독자들의 몫이다.


## 우유부단한 안철수?

2011년 12월 11일 〈중앙일보〉는 〈중앙선데이〉의 '안철수, 8월 29일 멘토 모임서 "저 서울시장 하면 안 됩니까"'라는 기사를 소개하고 있다. 이 내용은 안철수의 멘토라고 알려진 윤여준, 김종인이 직접 했던 말이니 거짓말은 아닐 것이다. 두 사람의 증언으로 당시 상황을 재구성해봤다. 아래는 2011년 8월 29일, 6인 모임(안철수와 그의 멘토들의 모임. 구성 멤버들은 법륜, 윤여준, 김종인, 최상룡, 박경철)에서 나누었다는 대화이다.

안철수| 제가 서울시장 하면 안 됩니까?

김종인| 정치를 하려면 총선출마부터 하는 것이 정도다.

안철수| 국회의원은 하는 게 없잖아요.

김종인| 의원 한 사람이 엄청난 일을 할 수 있다.

안철수| 정치는 낭비인 것 같다. 서울시장은 행정이니 잘할 수 있다.

윤여준| 의미와 명분이 없다.

법륜| 에너지만 분산시킨다.

안철수가 불쑥 서울시장을 하겠나고 했고 6인 모임 멤버들은 대부분 반대했으나 안철수는 서울시장 출마의시를 굽히지 않아 이후 출마가 거의 기정사실이 되는 분위기였다. 아래는 8월 31일에 있었던 대화.

오마이뉴스| (박경철에게) 안철수의 출마 여부를 알려 달라.

박경철| (바로 대답 못하고 윤여준에게) 어떡하죠?

윤여준| (안철수가 출마하는 것도, 또 지금 상황도) 나쁘지 않다.

박경철| (오마이뉴스에) 출마 여부 검토 중입니다.

안철수는 당시에도 지금처럼 출마 여부를 놓고 최측근들도 헷갈리게 할 정도로 미적거렸다. 그러다 결국 안철수는 서울시 장 출마의사를 철회하고 측근인 박경철에게만 그 사실을 알렸다. 아래는 안철수가 박경철에게 출마 포기 의사를 밝힌 뒤의 대화다.

박경철| (윤여준에게) 철수 형이 못하겠다던데요.

윤여준| 이제 와서 회피하는 것은 옳은 태도가 아니다.

안철수| (윤여준에게) 아버지가 완강하게 반대한다. 딸도 반대한다.

윤여준| 한국에서 정치한다는데 가족이 반대 안 하겠느냐? 그런
　　　생각도 안 해봤느냐?

안철수| 생각보다 완강하다, 시간을 좀 달라.

9월 3일, 드디어 안철수가 윤여준에게 확답을 준다.

안철수| 못하겠다.

윤여준| 너무 단정적으로 말하지 마라.

안철수| …….

윤여준| (언론에 발표) 안철수, 출마 가능성 있다.

9월 4일, 안철수는 윤여준의 발표를 부인했고 출마를 포기하는 듯한 말을 했다. 그리고 윤여준의 (제멋대로) 발표에 대해 대중들의 비난이 쏟아지자 안철수는 자신의 멘토 윤여준에게 공개적으로 창피를 줬다.

안철수| 윤여준은 내 300명 멘토 중 한 명일뿐, (윤여준은) 더 이상 나에 대해 말하지 말아 달라.

안철수| (그리고는 윤여준에게 미안했던지 변명을 한다.) 장관님

(윤여준 전 장관)을 보호하기 위해서 했던 말이다, 오해 말
아주세요.

윤여준은 굉장히 기분 나빴을 것이다. 물론 안철수는 곧바로
윤여준에게 양해를 구했지만 윤여준이 전 국민적으로 바보가
된 순간이었다. 이후 안철수는 박경철과 눈물 쇼를 하며 박원순
에게 극적으로 후보를 양보하는 모습을 연출했다.

〈중앙일보〉 보도대로 위 에피소드가 사실이라면 안철수는 굉
장히 우유부단한 사람이다. 게다가 나이 50이 넘어 서울시장 출
마 여부를 아버지의 의사에 따랐다는 것도 정치인의 자격에 문
제가 있는 것이라고 평가할 수 있겠다. 또 설령 아버지 언급이
핑계일 뿐이라고 하더라도 문제가 되는 것은 마찬가지다.

## 안철수의 거짓말? 부인의 거짓말?

내가 만약 안철수를 만난다면 꼭 물어보고 싶은 것이 있는데
바로 아래 일화에 관한 진실이다. 별 사소한 걸 다 궁금해한다
는 독자들의 반응이 있을 수 있겠지만 아래 일화는 안철수의 성
향을 잘 파악할 수 있는 핵심적인 일화일 수 있다는 생각이 들
어서 그렇다. 안철수가 〈무릎팍도사〉에 나와서 이런 일화를 이
야기한 적이 있다.

새벽까지 백신 개발하다 아침에 군대에 갔는데 군대 가니까 다들 가족들과 헤어진 이야기를 하더라고요. 그래서 가만 생각해 보니 내가 가족들에게 군대 간다는 이야기를 안 하고 군대 왔더라고요.(자막 : 결혼도 하고 애도 있었죠)

위 에피소드는 안철수에 대한 호감을 높여줬던 것이었다. 대중들은 저 에피소드로 인해서 안철수는 일밖에 모르는 순수한 사람이라는 이미지를 가지게 되었다. 그러나 안철수의 부인 김미경 씨의 말은 안철수와 완전히 다르다. 아래는 2011년 8월 20일 〈조선일보〉 '김윤덕의 사람人' 기사에 나왔던 김미경 씨의 말이다.

(안철수가) 군대 가는 날 아침까지 백신 프로그램을 업데이트하더니 허둥지둥 지하철 타고 서울역으로 달려가더라. 기차 태워 보내고 혼자 돌아오는데 무지 섭섭했다.

즉 김미경 씨는 안철수를 배웅했던 것이다. 안철수가 말한 대로 가족들도 모르게 군대 갔던 것이 아니었다. 저런 일화는 착각하기도 거의 불가능한 내용임을 누구나 쉽게 알 수 있을 것이다. 즉 두 사람 중 한 사람은 거짓말한 것이라고 할 수 있는데 내가 보기엔 정황상 안철수가 거짓말을 했을 가능성이 큰 것 같다. 안철수가 자신의 워크홀릭 성향을 미화하려고 미디어에서 거짓말을 한 것인데 부부가 손발이 맞지 않았던 경우가 아닐까. 만약 안철수의 거짓말이 맞다면 안철수는 자기를 미화하기 위해서 저 정도 거짓말은 천연덕스럽게 할 수 있는 음흉한 캐릭터라고 결론 내릴 수 있지 않을까.


## 상습적인 간염 환자 안철수

안철수는 간염 보유자로 유명하다. 그는 1988년 이후 7년간 하루 4시간씩만 자면서 의사 생활과 백신개발을 병행하여 신체를 너무 혹사하는 바람에 간염에 걸려 두 번이나 죽을 고비를 넘겼다고 알려졌다.

또 안철수는 1998년 당시에도 한창 크고 있던 안철수연구소를 자리 잡게 하는 일과 미국 유학생활을 병행하느라 무리한 나머지 급성 간염으로 입원했다고 알려졌다. 그리고 1998년 1월 14일 한 일간지는 "안철수가 1997년 연말에 한 달간 급성 간염으로 입원한 뒤 집에서 요양 중이며 다음 해 2월 말 완쾌예정"이라고 보도했다. 당시 안철수는 누워서 회의를 주재했다는 유명한 일화도 있었다.

또 2002년 4월께 한 경제지는 그가 건강이 악화되어 2개월간 요양한다고 보도했다. 그리고 그때를 즈음해서 그가 주식문제로 검찰수사를 받다가 간염이 심각해져서 진단서를 뗐고 이 때문에 수사가 중단됐다는 의혹도 언론에 보도되었던 적이 있다. (만약 이것이 사실이라면 간염에 걸렸다고 수사를 중단하는 것이 옳은 지도 의문이다.)

또 얼마 전 한 시사주간지는 그가 서울의대 재학시절 과음으로 건강이 악화되어 급성간염으로 쓰러졌고 두 번째 입원 때는 3개월간 병실에 있었다고 보도했다. 과거 벤처 시절 그를 알던 사람은 안철수가 벤처 시절에 과음을 했기 때문이라고 했다. 보도된 안철수의 간염유형도 A형, B형으로 다르고 그 감염 시기, 발병사유, 치유 여부, 입원횟수도 각기 다르다.

도대체 그는 간염으로 몇 번을 쓰러졌던 것이며 도대체 그의 간염에 관한 진실은 무엇인가. 이처럼 그의 신화에는 간염조차도 허구와 사실이 혼재되어 있다. 간염으로 검찰 수사를 받지 못한 것이 사실이라면 그 힘든 대선 유세나 대통령직 수행을 어떻게 할 수 있을 것인지 걱정이 된다. 그의 건강상태 여부는 대통령직을 수행하는 데 있어 중요한 요건 중의 하니다.


## 안철수의 무노조 소신

안철수는 자신의 책 《안철수의 생각》에서 노조 일반에 대해 "노동자들이 열심히 일한 대가를 제대로 받을 수 있도록 노사

개혁도 함께 이뤄야 하겠죠.”, “경영진에 대한 보상과 감시가 제대로 돼야 합니다. 즉 이사회 구성과 조직 운영에서 노동자 등 다양한 이해관계자의 이익이 반영될 수 있어야 합니다.”라는 등의 말을 했다. 그리고 안철수는 경제민주화에 관해 이야기하면서 “자기 회사에 노동조합조차 허용하지 않는 기업이 ‘재벌조합’격인 전경련에 속해 활동하는 것은 납득하기 힘듭니다.”라며 노조를 허용하지 않는 경영자들을 강한 톤으로 비판했다. “노동조합조차 허용하지 않는 기업이……”라는 표현을 접한다면 누구나 안철수가 노동조합에 대해 매우 긍정적인 시각을 가지고 있다고 생각할 것이다.

그런데 정작 안랩에는 노조가 없다. 그리고 안철수는 이전부터 무노조 소신을 가지고 있는 것으로 알려졌다. 노조 관련 사안에서 안철수의 말과 행동이 따로 노는 것을 어떻게 받아들여야 할지 모르겠다. 일국의 대통령을 노리는 사람이 무노조를 지향하는 것은 매우 심각한 문제다. 안랩에서 평균 연봉 4천만 원 남짓을 준다고 해서 노조가 필요 없다고 생각하면 곤란하다. 노조는 임금수준과 관계없는 노동자의 헌법적 기본 권리다.

하지만 나는 안철수의 노조에 대한 생각보다 안철수가 저런 자기모순을 부끄럽게 생각하지 않고 있으며 심지어 거기에 대한 인식조차 없어 보이는 것이 더 근본적인 안철수의 문제라고 생각한다.

## 월급만 받고 살았다는 거짓말

2010년 6월 14일 〈백지연의 피플 인사이드〉 방송에서 어떤 학생이 안철수에게 질문한 적이 있었다.

학생| 성공한 회사를 다른 사람에게 무상으로 줄 수 있는 정도면 상당한 재력을 가지고 계신 것 같은데, 솔직히 모아두신 재산이 좀 있지 않으신가요?(참고로 이 학생도 안철수가 자기 회사를 직원들에게 준 것으로 알고 있는 듯하다. 물론 애매하다.)

안철수| (웃음) 제가 안연구소 창업한 이래로 그 직원들에게 주식 증여한 이후에는 그 주식을 거의 팔아본 적이 없어요. 그러다 보니까 저는 월급만 받고 살았던 사람이거든요. 그러니까 자산 가치로 치면 안연구소 주식 가격으로 치면 뭐 제가 생각해도 굉장히 많기는 한데요. 그거 우선 제 재산이리고 생각을 안 하다 보니 그냥 어 일반적으로 일반직 이나 전문직 월급 받는 것과 똑같이 살고 있는 거죠.

안철수는 2004년부터 2010년까지 안랩에서 받은 배당금만 104억 원이고, 2005년에는 무상증자로 늘린 주식 중 10만 주를 팔아 최소 20억 원을 받았다. 그리고 안랩 이사회 의장으로 재직(비상근)하면서 연봉 7천만 원 정도를 받고 있으며 2008년부터 현재까지 카이스트와 서울대에서 매년 연봉 2억 원 정도(부인 연봉과 합한 것)를 받고 있다. 월급이 많다는 건 차치하고서라도 안철수가 월급만 받고 살았다는 말은 명백한 거짓말이라고 할 수 있다. 안철수의 말과 글을 살펴보면 교묘하다는 느낌을 자주 받게 된다. 안철수는 자신의 이미지를 좋게 만드는 데 있어서 어떤 타고난 재주나 순발력이 있다는 느낌이 든다.

## 자신에게 의문을 제기하면, '오해'

안철수는 자신을 과대포장 하는데 익숙한 듯 보이며 자신의 거짓은 가벼이 여길 뿐 아니라 거기에 대한 비판에 대해서는 대체로 '오해'라고 치부하는 경우가 많다. 그간 안철수는 자신의 행동을 정치적으로 해석하는 언론에 불만을 표시해왔으며 기자들과 묻고 답하는 과정에서도 자신의 말이 잘못 해석되는 경우나 오해가 많다고 했다.

최근들어 그는 길거리에서 서서 30초 안팎의 짧은 문답 외에는 한 번도 정식 기자회견이나 기자 간담회를 한 바가 없다. 인터뷰나 강연을 한 적은 있지만, 자신의 생각을 일방적으로 전달하는 방식 말고 상호 반응이 일어나는 토론은 거의 한 적이 없다. 항상 우월적 지위에서 자기가 전달하고 싶은 말만 일방적으로 던진 것이다.

그러면서 그는 자신이 "숨은 의도를 가지고 말한 적이 없고 의도가 있으면 의도를 말한다."고 했다. 그런데 그는 정치인으로 나선 지 1년이 다 되어가는 데도 아직 자신의 대선 출마 여부조차 밝히지 않고 있다.

그는 "정치인들이 자기 의도를 에둘러 얘기해서 언론이 그 말의 숨은 의도를 찾는데, 저는 의도가 없는데 상상해서 당황스럽다."고도 했다. 사실 내가 당황스럽다. 지난 서울시장 보궐선거 이후 모든 의혹은 자기 가족이나 자신의 측근 박경철, 법륜 등이 떠들어서 생긴 것이지 사람들이 자발적으로 오해해서 생긴 일이 아니다. 그리고 안철수는 자신의 측근들이 자신에 대해 떠들고 다닐 때 거기에 대해 명확하게 해명한 적도 별로 없었다. 아니 안철수 신화의 대부분은 자기 자신이 직접 떠들어서 만들어진 것이고 안철수에 대한 의혹도 안철수 자신이 명확하게 이야기하지 않고 화두를 던지듯 하나마나 한 말만 해서 생겼던 것이다. 게다가 안철수는 수많은 기짓말을 했기 때문에 자신에 내한 오해에 있어서 남 탓할 일이 아니다.

그는 서울시장 출마와 관련해서도 "시장 출마를 10% 고민했는데 언론에서 90% 앞서나갔다."고 했다. 나는 작년 9월 초 그가 박원순을 지지 선언하기에 앞서 여러 근거를 대어 그는 대선 출마용 바람잡이로 시장출마는 하는 척만 할 것이라고 예측한 바 있다. 그의 부친 또한 안철수는 출마 생각이 없었는데 간을 보기 위해 그랬다고 인터뷰에서 밝힌 바 있다.(그 인터뷰 직후 안철수 부친의 병원은 문을 닫았다.)

그는 또 자신의 책《안철수의 생각》에서 최근 자신에게 가해진 '간을 본다'는 비판에 "다른 사람에 대한 비판에는 비판하는 이의 인생관이 반영되는 경우가 많습니다. '내가 그러니 저 사람도 그럴 것이다.'라고 생각하는 거죠. 매사에 간만 보는 사람들이 저한테 그런 얘길 하는 것 아닐까요?(웃음)"라고 받아쳤다. 즉 자기에게 간 본다고 말하는 사람들이 잘못됐다고 하는 것이다.

이상의 사례들에서 볼 수 있듯이 그는 자기 스스로는 정의롭고 잘못한 일이 없다. 자기에 대한 다른 사람들의 의문은 언론이나 남들이 자기를 오해한 데서 비롯되었다고 치부한다. 일종의 과대망상 비슷한 것 아닐까라는 생각이 든다. 그의 과대망상은 앞으로 자신에게 치명적인 독이 될 것이다.


## 전문가 정치?

안철수는 2011년 서울시장 보궐선거 당시 '전문가 정치'를 거론했다. 자신의 IT 전문가 이미지를 활용한 정치 전략이라고 할 수 있을 것이다. 그리고 안철수는 서울시장은 정치를 하는 자리가 아니라 '행정직'이라서 출마를 고려한다는 말도 했다.

스티브 잡스를 이야기하는 사람들이 가장 많이 거론하는 점이 바로 과학과 인문학의 융합문제다. '전문가'의 함정을 벗어난 사람이 바로 스티브 잡스라는 것이다. 내가 알기엔 안철수도 스티브 잡스 전도사였다. 그런데 안철수는 정치분야에 있어서만은 스티브 잡스를 거역하고 싶은 모양이다.

안철수 말대로 하자면 정치는 정치 전문가가 해야지 왜 IT 전문가가 정치를 하겠다고 하나. 그리고 안철수의 말대로 서울시장이 행정직이라면 행정 전문가가 해야지 왜 IT 전문가가 행정을 하겠다는 것인지 이해가 가지 않는다. 정치는 전문분야 취급도 못 받는 만만한 분야로 생각하는 것인가. 그리고 행정이란 말의 정의 자체가 정치와 구분하기 어려운 것이다. 이 말은 대학 교양과목 〈교양 행정학〉 교재 첫머리에 나오는 내용이다. 솔직히 안철수가 정치와 행정이란 말의 정의나 제대로 파악하고 저런 말을 한 것인지 의심이 든다.

물론 과학자나 특정 분야의 전문가가 정치할 수는 있다. 예를 늘어 독일의 메르켈 총리도 과학자였다. 하지만 메르켈과 안철수는 본질적인 차이점이 있다.

메르켈은 1954년생인데 1970년대 초반에 자유독일청년회(FDJ)에 가입한다. 그녀는 고등학교를 졸업한 후 1973년부터 1978년까지 라이프치히 대학에서 물리학을 공부하여 디플롬 학위(석사 학위에 해당)를 받는다. 그리고 1978년 '슈타지'로 불리는 동독 국가안보부에서 일자리를 제안받았지만 거절한다. 슈타지는 그녀의 동독과 공산주의에 대한 비판적인 태도와 폴란드 자유노조에 대한 우호적인 성향을 기록하고 있다.

즉, 메르켈 독일 총리는 과학자이기도 했지만 일찍이 정치단체에 가입하고 활동함으로써 어려서부터 분명한 정치 정체성을 가졌다는 것이다. 정치 성향에 대해 알 수 있을만한 구체적인 행동을 한 적도 없었고 관련해서 별 달리 검증할 거리도 없는 안철수와는 차원이 다르고 비교할 대상도 아니다. 그리고 정치에서 모호함과 예측 불가능성은 큰 비용을 치러야 할 경우가 많다는 것은 상식이다.

2011년 서울시장 보궐선거 당시 친박계 의원 이정현의 다음 발언은 매우 상식적인 말로 귀담아들어둘 만하다.

"지금 여론조사는 정치인과 과학자를 비교한 것으로 과학자가 이긴다고 한들 아무런 의미가 없다."

핵심을 찌르는 말이다. 솔직히 지금 박근혜와 안철수를 두고 여론조사 하는 것이 박근혜와 유재석을 두고 여론조사 하는 것과 뭐가 다른가. 기성 정치에 대한 혐오감을 바탕으로 미디어 이미지 조작으로 뜬 사람을 메르켈 총리 같은 상식적인 정치인과 비교하는 것 자체가 안철수 문제의 본질을 왜곡하는 것이다. 전문가 정치란 먼저 정치상식을 갖추고 난 뒤에 할 수 있는 말이다.

## 안철수의 경제상식

2012년 8월 10일 〈중앙일보〉는 안철수가 《안철수의 생각》에서 언급한 "루스벨트가 뉴딜정책을 강력하게 추진해 경제를 재건했다."는 발언의 잘못을 지적했다. 〈중앙일보〉는 그간 내가 '대공황'관련 글에서 수차례 지적한 것과 같이 "2차 대전, 즉 전쟁이 수요를 창출해 불황을 퇴치했다."고 바로 잡으며 안철수의 지식수준을 비판했다. 심지어 안철수는 "미국은 뉴딜 정책을 강력하게 추진해서 2차 세계대전을 승리로 이끌었다."는 인과관계가 이상한 주장도 했다. 이는 안철수가 무조건 미국 역사상 가장 위대한 사람을 인용하려고 하다 보니 자신의 지식의 한계를 드러낸 사례라고 볼 수 있겠다. 또 이것은 《안철수의 생각》이 '짜깁기 생각'임을 보여주는 한 가지 사례라고도 힐 수 있다.(청년들이어 제발 짜깁기 모음집을 보고 열광하지 마라!)

결국, 안철수는 기성정치인의 노련한 술수와 테크닉은 다 갖췄지만 공부는 제대로 되어 있지 않음을 알 수 있다.(작은 도서관 책을 다 읽었다면서 왜 그런지 모르겠다.) 중국은 명품 짝퉁을 만들 수는 있지만 결코 오리지널 명품은 못 만들며, 정치인 또

한 속성 재배로 명품의 외피를 쓸 수는 있겠지만, 절대! 명품은 하루아침에 나오는 것이 아니다.

## 안철수는 자신에게 관대하고 타인에겐 엄격한 남자?

지난 2011년 9월 '오마이뉴스 10만인 클럽 강연'에서 안철수는 "경제사범을 잡으면 반 죽여 놓아야 한다. 그런 사람들 사형은 왜 못 시키나?"라는 강도 높은 발언을 해서 화제가 된 적이 있다. 그 강연에서 안철수는 또 "시장에서 플레이어들을 감시하는 사람들이 못 당한다. 기본 감시기능을 강화함에도 불구하고 감시자들의 사람 숫자도 적고 전문성도 떨어지는 등 여러 가지 이유로 감시가 불가능해진다. 그래서 도입한 방법이 징벌적 보상이다. 지금 금융사범들이 많은 이유는 한 번 해먹고 어디에 돈을 숨겨 놓고 형 몇 년 살다 오면 평생 먹고 살 수 있고 걸릴 확률도 적기 때문이다. 그래서 범죄자가 많아진다."라고 주장했다.

그러면서 또 안철수는 "현대 사회에서는 법률제도도 바꿔야 한다. 감시도 강화해야 하지만 징벌적인 배상만으로 금융 사범이 잡힐 확률을 높이기는 힘들다. 전문성들이 워낙 좋아서다. 경제사범은 한 번 잡히면 반을 죽여 놓아야 한다. 현재는 금융사범이 살인보다 나쁜 일일 수 있다. 그러면 그런 사람 사형은 왜 못 시키나? 그런 식의 혁신적인 발상으로 금융사범에 관한 법률을 바꿔 놓아야 부작용을 줄일 수 있다. 실패하는 사람들에게 기회를 주려면 그런 제도를 악용하는 사람들은 거의 죽여 놓아야 한다."고 했다.

안철수 지지자들은 당시 위 안철수의 발언을 두고 "안철수 멋있다.", "안철수, 의외로 강직하다, 믿음이 간다.", "이래도 안철수가 우유부단한가?", "재벌개혁의 적임자는 바로 안철수다."라는 식의 반응들을 보였다.

그런데 2012년 7월 30일, 안철수가 2003년 분식회계 등의 혐의로 구속된 최태원 전 SK그룹 회장의 구명 탄원서에 서명했던 사실이 밝혀지면서 안철수의 입장이 궁색해졌다. 이 사건은 위 안철수의 강연 내용과 대비되어 '안철수는 실제 생각과 행동이 일치하지 않는 사람'이라는 비판의 대표적인 증거가 될 수 있기 때문이다.

'경제사범은 반쯤 죽여 놓아야 한다.'는 말과 최태원 같은 대표적인 경제사범의 구명운동을 한 행동 사이의 모순은 쉽게 극복하기 힘들다. 이 사안을 놓고 보면 안철수는 결코 사기 선찰에 능한 사람이 아니라는 것은 확실한 것 같다. 안철수도 이번 사태의 심각성을 알았는지 이례적으로 보도자료를 내고 사과하는 모습을 보였다.

"인정에 치우칠 것이 아니라 좀 더 깊이 생각해야 했다."

“이 일에 대한 비판과 지적을 겸허하게 인정하고 받아들이겠다.”

안철수는 평소 재벌비판을 꾸준히 해왔던 사람이다. 최근 그가 출간한 책《안철수의 생각》에서도 ‘기업주의 전횡’과 ‘제도적 처벌’과 ‘무전유죄, 유전무죄’를 역설하고 한탄했다. 나는 평소 안철수의 재벌비판을 보고 두 가지 생각을 했다.

첫째, 안철수 자신도 기업하는 사람이고 자신이 한국사회에서 사업하는 과정에서 스스로 부끄러운 일도 많았을 것이다. 그런데 안철수가 대중들을 가르치듯 자기 이야기를 하는 것을 들어보면 자기 반성적인 이야기는 거의 없었다. 모두 자기를 미화하는 이야기였다. 난 안철수가 아주 이상한 사람이라고 생각했다. 하지만 위 안철수의 사과발언은 내가 알기에는 그간 거의 유일한 반성 발언이다.

둘째, 사실 안철수는 비록 말 뿐일지라도 재벌비판을 구체적으로 또 제대로 한 적이 없다. 그냥 원론적인 말들밖에 없었다. 그런데 대중들은 안철수의 그런 ‘뻔한 말’에 열광한다. 안철수도 문제고 대중들도 문제라는 생각을 했다.

게다가 안철수는 최태원 구명운동 서명에 대해 “……회원 전체가 참여하기로 했습니다. 10년 전 그 탄원서 서명에 대해 당시에도 부담을 느꼈고, 내내 그 일이 적절한 것이었는지 생각해왔습니다.”라고 변명했는데 당시 V소사어티 회원이면서 서명

안한 사람도 있었던 것으로 밝혀졌다. 안철수는 변명에서도 거짓말을 했던 것이다.

그 외 안철수의 성격과 정체성을 알 수 있는 소소한 일화는 꽤 많다. 그중 한 가지만 더 예를 들자면 2004년 그가 펴낸 자신의 책《지금 우리에게 필요한 것은》에서 자신이 자기 회사에 친인척을 채용하지 않는 원칙과 이유를 자세히 설명했지만, BW 발행 등 중요한 시기에 안철수의 부인이 안랩의 이사로, 동생이 감사로 재직했던 사실이 드러났다. 사실 안철수의 이런 일화들은 너무 많아서 책 한 권에 일일이 다 소개하기가 불가능했다는 것을 고백하고 싶다.

"기득권이 과보호될 때 그것은 기득권에게도 치명적인 독이 된다. 스스로 노력하지 않고 안주하게 되면 경쟁력이 떨어져 외부로부터의 압박에 안전하지 못하게 된다."

– 2011.7.29. MBC 스페셜, 안철수


"20세기와 21세기의 리더십은 다릅니다. 핵심은 탈권위주의입니다."

– 2011.4. 영남대 '청춘 콘서트'에서, 안철수

# 대학교수 안철수

**안철수는 기득권을 포기하고 컴퓨터 사업에 뛰어들었나?**

안철수는 2003년 10월 1일에 보수 성향 논조의 언론사 〈업코리아〉에서 자신이 안랩을 세우게 된 계기를 직접 이야기했다. 안철수는 자신이 컴퓨터 초보자도 쉽게 컴퓨터 바이러스를 퇴치할 수 있는 백신 프로그램을 만들어서 공개한 것에 보람과 사명감을 느껴서 매일 새벽 3시에 일어나서 새벽 6시까지 백신 프로그램을 만들고, 출근해서는 종일 의학 전공 일을 하는 힘든 생활을 7년 동안 계속하게 되었다고 했다. 하지만 94년에 군대를 제대하고 '조교수'가 되면서 대학원생들에 대한 책임이 막중함을 느껴 새벽에 다른 일을 해선 안 된다는 생각을 했고, 두 가지 길 중에서 갈등을 하게 되었는데 결국 사회가 자신을 필요로 하는 곳은 컴퓨터 보안 쪽일지도 모른다는 생각에 "서울대 의대를 졸업하고 27살의 어린 나이에 교수가 된 것을 포기했다."고 했다. 그리고 "그것을 포기하는 것이 쉽지만은 않았다."고 덧붙였다. 즉 안철수는 자신이 어린 나이에 교수가 되었던 기득권을 포기하고 사회가 자신을 필요로 하는 분야에 뛰어들었다고 자기를 미화하는 말을 한 것이다.

**안철수 이력** (출처: 안랩 회사 소개)

- 1995.2.~2005.3. 안랩 대표이사
- 1991.2.~1994.4. 해군 군의관 (대위)
- 1990.1.~1990.2. 일본 규슈대학 의학부 방문연구원
- 1989.9.~1991.2. 단국대학교 의과대학 전임강사 및 의예과 학과장
- 1986.3.~1989.9. 서울대학교 의과대학 조교

사람들이 안철수를 존경하는 배경 중의 하나가 바로 이 부분이다. 안철수가 '27세의 최연소 의대 학과장'이었다는 사실과 그 자리를 과감하게 뿌리치고 벤처의 길을 걸었다는 것. 여러 글과 인터뷰에서 안철수는 자신이 '27세 최연소 의대 학과장'이었다는 표현을 썼다. 그래서 대부분의 사람들은 그가 27세 '서울대' 의대 학과장 이었으며, 의대 교수 라는 자리를 박차고 나와 안랩을 창립한 걸로 알고 있다. 물론 안철수가 스스로 '서울

대 의대 학과장'이었다고 말하지는 않았다. 문제는 안철수의 방식이 많은 사람들이 오해하도록 놔둔다는 것이다. 이 부분은 안철수가 좀 억울하다고 항변할지도 모르겠다. 하지만 많은 사람들은 안철수의 '27세 최연소 의대 학과장'이란 표현을 들으면 당연히 서울대 의대 학과장을 지낸 걸로 안다. 안철수는 여러 인터뷰에서 '단국대 교수'라고 하지 않고 그냥 '의대 교수'라고만 이야기했다.

안철수에 따르면 그는 군에 입대하기 전 1989년 9월부터 1991년 2월까지 1년 반 정도를 단국대학교 의과대학 전임강사와 의예과 학과장을 지냈다. 그리고 안철수는 제대하고 10개월 후 '안랩'을 설립했다. 그런데 당시 안철수의 경력을 보면 그냥 '단국대 전임강사'라고만 되어있는데 그럼 단국대 의대는 '전임강사'를 학과장으로 임명했던 것일까.

**단국대 의대 연혁** (출처: 단국대 의대 홈페이지)

- 1988.3. 이공대학 의예과로 신설 (정원 30명)
- 1989.3. 의과대학 교수 및 단국대하교 병원 기공식
- 1989.10. 의과대학 의학과 신설
- 1990.3. 의과대학 의학부 신설

단국대 의대 의예과 연혁을 보면 신설학과이기 때문에 '만 27

세 학과장'이 이해가 가기도 한다. 그런데 안철수 말대로 안철수가 1994년 4월 군 제대 뒤 단국대 조교수가 되었다면 이상한 부분이 있다. 아래는 2001년 9월 22일 '오마이뉴스' 인터뷰 기사의 한 부분이다.

> 오마이뉴스| 의학도로서 컴퓨터와 인연을 맺은 것이 의외라는 생각이 든다. 창업 동기가 있었나.

> 안철수| 군의관을 마친 뒤 복직 절차를 밟으면서 대학 측에 실험 기자재를 요청했었다. 그 때문인지 복직이 안 됐다. 10개월간 실업자로 지내면서 무엇보다 아내가 벌어온 돈으로 사는 게 견디기 어려웠다. 그래서 창업하게 됐다. 초반에는 어려워 사장으로서 월급 한 푼 안 가져갔다. 한번은 직원에게 줄 월급이 없어, 한 달만 참으라고 말할 수도 있었는데……, 그때 처음으로 부모님께 1,000만 원을 빌려 월급을 줬다.

안철수 말대로라면 안철수는 1994년 4월 군대 제대 뒤, 단국대로 복직하지 않았고(안 했든 못 했든) 10개월을 실업자로 지내며 창업 결심을 했다. 군 제대 10개월 뒤는 1995년 2월이므로 회사 창립 시기와 맞다. 즉 안철수의 말대로 하면 안철수가 조교수 자리를 포기하고 회사를 창립했다는 것은 완전한 거짓말이다. 그는 전임강사로 학과장을 하다 군대에 갔고 이후 복직하지 않았기 때문에 조교수가 될 기회가 없었다.

## 안철수의 서울대 교수 임용 의혹

서울대는 2011년 6월 1일에 안철수를, 8월 1일에는 부인인 김미경 씨를 전임교수로 채용했다. 부부가 동시에 서울대 정교수로 특채 임용된 것은 서울대 역사상 유례가 없던 일이다. 서울대 측은 안철수를 '대학(원) 신설 등에 따른 전임교수 특별채용에 관한 지침'에, 김미경은 '서울대학교 전임교수 특별채용에 관한 규정'에 각각 의거하여 임용했다고 밝혔다.

그러나 융합과학기술대학원은 2008년 10월에 설립승인을 받고 2009년 3월에 이미 개원하여 최양희(전기컴퓨터공학부) 교수가 초대원장을 맡고 있었다. 즉 서울대가 밝혔던 안철수 교수 임용의 근거는 거짓말이라고 할 수 있다.

김미경 씨의 경우도 임용 근거가 희박한 것은 마찬가지다. 서울대 '정년보장교원임용심사위원회'이 김미경 교수채용 심사과정에서 "'생명공학 정책'이라는 것은 새로운 분야이므로 김미경의 독창적 우수성을 판단하기 어렵다."는 내용의 논란이 있었고 경력과 실적 등이 미흡한 김미경을 정년이 보장된 정교수로 채용하라는 대학본부의 무리한 요구에 대한 격렬한 반론이 있었다고 한다. 김미경은 정교수 임용 의혹에 이어 또 다른 특혜를 누렸는데, 카이스트에서 부교수 7호봉 대우를 받았던 김미경이 서울대 교수로 임용되면서 정교수 21호봉 대우를 받았다는 것이다. 확실한 근거도 없이 부교수를 정년이 보장된 정교수로 임용한 것도 파격적인 대우라고 할 수 있는데 호봉마저 대폭 올려준 것이다.

애초에 서울대는 2011년 3월, 안철수에게 융합과학기술대학원 원장직을 제의했다. 이상한 점은 서울대가 정식 임용절차를 밟기도 전에 이미 안철수가 서울대 융합과학기술대학원 원장으로 임용된 듯 소문을 냈던 것인데 이에 당시 안철수가 교수로 있던 카이스트의 교수들은 "서울대는 소문내며 교수를 영입하느냐"고 하는 등 불쾌하다는 반응을 보였다. 안철수는 여러 곳에서 영입 제안을 받아왔고 총장 제안만 4곳에서 받았으나 거절했다고 말하며 서울대가 자신을 모셔가는 것은 자연스럽다는 분위기를 연출했다.

서울대 대학원장직은 서울대 교수여야만 가능하다. 따라서 서울대가 안철수를 대학원장으로 초빙하려면 우선 서울대 교수로 맞아야 했다. 이에 따라 서울대는 안철수를 원장에 임명하기에 앞서 디지털 정보융합학과로 초빙하기로 방침을 세웠다. 물론 여기에 대해서도 잡음이 있었다. 결국, 안철수는 서울대 측의 제안이 있은 지 일주일도 안 돼서 교수직 제안을 받아들였다.

그런데 서울대가 안철수를 임용했을 때 인사위원회 등의 정식 절차를 제대로 거쳤는지 의문이다. '서울대 융합과학기술대학원 전임교수 특별채용 시행지침'에 따르면 특채라 하더라도 심사대상 실적물을 놓고 '모집분야와의 적합성 심사'와 '학문적 우수성 평가'를 해야 한다. 카이스트 재직 시 특별한 학문적 성과가 없었던 안철수가 어떤 심사대상 실적물을 제출했을지 궁금하지만 서울대가 자료를 공개하지 않는 한 우리는 알 수 없다.

## 안철수가 서울대를 선택한 이유는 편법과 특권이 통해서?

안철수가 카이스트에서 서울대로 옮길 때 자신이 지방대가 아닌 굳이 서울대 교수직을 선택한 이유에 대해 2011년 8월 23일 〈세계일보〉 인터뷰에서 다음과 같이 말했다.

서울대라도 개교 이래 존속해온 학과에서 불렀으면 안 갔을 것이다. 융합대학원은 2년밖에 안 됐고 해결해야 할 문제가 산적해 있다. 융합대학원은 많은 노력이 필요하고 새로운 분야를 창조적으로 발견할 수 있는 미지의 세계다. 지방대학교는 교수로 가고 싶어도 갈 수 없다. 인사규정을 그대로 따르면 나는 교수가 못 된다고 한다. 논문 수나 이런 것 따지면 뽑을 수 없다고 하더라. 갈 수도 없고 제안한 곳도 없었다.

황당하지 않은가. 인사규정을 '그대로' 따르면 교수가 될 수 없었다고 한다. 그래서 안철수는 규정을 그대로 따르지 않고 교수가 되었다는 말인가. 그렇다면 그 자체로 원칙을 어긴 셈이고 특권을 누린 것이다. 당시 서울대가 안철수 특채 임용 과정 관련 자료를 속 시원히 내놓지 못하는 이유가 규정대로 하지 않았기 때문인 것일까. 또 당시 안철수는 자신이 총장 제안만 4곳에서 받았으나 고민 끝에 모두 거절했다고 했는데 그 전에 자신이 내뱉은 말은 벌써 잊고 있었던 것 같다. 아니면 교수는 자격이 안 돼서 제안받은 곳이 없는데 총장직은 바로 맡을 자격이 되었다는 말인가. 아무튼, 지방대 교수 자격도 안 된다던 안철수는 그의 부인과 함께 서울대 정교수로 동시에 특별채용 됐다. 평소 상식과 원칙을 강조하던 그의 말이 무색해지는 순간이다.

## 더 많은 사람을 가르쳐야 한다는 고민?

안철수는 자신이 서울대로 이직한 이유에 대해 "KAIST에서는 한 해에 학생 100명을 가르치는 일이 전부였다"며 "사회에 더 많은 책임을 지고 더 많은 사람을 가르쳐야 한다는 고민을

하던 차에 서울대가 교수직을 제안해 와 수락했다."고 말했다.(2011.6.1. 연합뉴스)

안철수는 카이스트에서 학생 100명밖에 가르칠 수 없다는 것이 성에 차지 않았던 모양이고 더 많은 학생들을 가르치기 위해 서울대 교수직을 수락했다고 했다. 이 지극히 '건전'하고 '상식'적으로 들리는 말이 사실관계를 확인해보면 어이없는 거짓말이 된다. 서울대 홈페이지 자료에 따르면 융합과학기술대학원은 4개 학과, 석·박사 과정 정원이 72명으로 되어있다. 즉 안철수는 더 많은 학생을 가르치기 위해 더 적은 숫자의 학생들이 있는 서울대로 옮겨갔던 것이다. 안철수는 왜 이런 억지스러운 거짓 이유를 대면서까지 서울대로 갔던 것일까.

## 교육공무원법상 의무수업도 하지 않은 대학교수 안철수

안철수의 발언과 관련 기사들을 종합하면 안철수는 "사회에 더 많은 책임을 지고 더 많은 사람을 가르쳐야 한다는 고민"을 하던 차에 "카이스트 종신 교수직까지 버리고", "국내에 새로운 학문의 뿌리를 내리기 위해" 서울대로 옮겼다.

그러나 안철수는 그 '학문의 뿌리'를 서울대가 아니라 외부 젊은이들에게 내리려 했던 모양이다. 안철수는 서울대 교수로 취임하자마자 '국립대학교 교육공무원법'상 정해진 의무 강의

시간을 지키지 않으면서까지 외부 활동에 열심이어서 당시 서울대 학생들은 불만이 많았다고 한다. 당시 안철수는 바쁜 일과를 쪼개 매주 2, 3차례 '시골의사' 박경철과 함께 지방을 돌며 '리더십과 대한민국의 미래 비전'을 주제로 강연을 다녔다.

교육공무원법상 국립대학 정교수의 의무 강의시간은 주당 9시간이다. 하지만 안철수는 임용 때부터 융합기술대학원 원장이라는 중책과 외부강연에 대한 당사자의 뜻을 반영해 주당 6시간은 면제받았다. 때문에 안철수는 주당 3시간만 강의를 진행하면 되었는데 안철수는 그나마 주당 3시간 강의도 하지 않았다.

이에 대해 서울대 관계자는 "보통 교수로 임용되면 바로 다음 학기부터 강의를 맡는 게 일반적이다."라며 "면제된 걸 빼더라도 안 원장이 주당 3시간은 강의해야 하는데 당최 무슨 영문인지 모르겠다."고 말했다.(2011.9.6. 헤럴드경제 '안철수 원장, 외부 강연은 많은데 정작 서울대 강의는 하나도 없어')

위 서울대 관계자의 말은 맞는 말이다. 대학은 교과 과정에 규정된 교과목을 강의할 교수가 없거나 부족할 때 1학기 또는 2학기로 구분하여 일반채용이나 특별채용 방식에 의해 교수를 채용하는 것이 원칙이다. 따라서 채용방식에 상관없이 3월 1일자로 채용된 교수는 1학기부터 곧바로 강의를 해야 하고, 9월 1일 자로 임용된 교수는 2학기(가을학기)부터 강의를 맡아야 한다. 특별한 사유로 어쩔 수 없이 3월 1일 자나 9월 1일 자가 아닌 학기 도중에 특별채용 된 교수라 할지라도 다음 학기에는 꼭 강의를 맡아야 한다.

안철수는 대체 무슨 특권이 있길래 교수로서 기본의무인 강의를 하지 않아도 괜찮았던 것일까. 대학교수의 일이란 수업과 연구 아닌가? '정직'과 '성실'을 삶의 신조로 삼고 있는 안철수는 실제로는 전혀 성실하지 않았던 교육공무원이었다.


## 안철수의 논문 실적

끝으로 연구자와 교수로서 안철수의 학문적 연구실적, 즉 논문 성과를 간단하게 살펴보자.

안철수의 논문은 총 3개가 있다.(물론 88년 석사논문, 91년 박사논문은 제외했다.) 그런데 그 중 2개는 공동논문으로 제1저자가 아니다.

그리고 안철수의 독자적이고 유일한 자기 '단독명의'의 논문은 1993년 '대한의학협회'지 12월호에 실린 '의료인의 컴퓨터 활용범위'라는 논문이다. 그런데 이때 그는 국군 외무사령부 군의관 신분이었다.

안철수는 현직 서울대 교수 중 최소논문 소유자이며 현재 서울대 홈페이지 안철수 교수 소개란에 안철수 논문은 없다. 그리고 '한국연구재단'(주요 학술논문을 모아놓은 사이트) 사이트에서도 안철수 논문은 찾을 수 없다.

 즉 안철수 교수의 학술, 학문적 성과는 전무하다고 봐도 무리가 없다. 그런데 일반 사람들은 안철수 교수가 자기계발서류 등의 책을 많이 냈기 때문에 학술적으로도 뛰어난 업적을 남겼을 거라고 생각하기 쉽다는 게 문제다. 아무튼, 팩트는 분명히 짚고 넘어가야 한다.

# Delusion

4부

기업인 안철수

'기업의 목적은 수익창출이다.' 그것이 상식 같죠? 사실 그건 틀린 말이에요. 왜 그런가 하면 기업의 목적이 수익창출이라는 것을 지나치게 믿고 그쪽 방향으로만 가다 보면 수단과 방법을 가리지 않고 수익만 창출하면 된다고 스스로 정당화할 수 있기 때문이에요. 예를 들어, 불량식품을 만들어요. 그러면 자신은 돈을 버는데 그 불량식품을 먹고 수많은 어린이들이 아프고 사회가 나빠지잖아요. 즉 혼자서는 목적을 달성하고 잘 먹고 잘 사는데 사회 전체로 보면 그것은 오히려 없는 것이 더 좋은 암적인 존재, 범죄 집단이잖아요."

- 2011.1.28. MBC 스페셜, 안철수

"성공신화에 갇혀있는 것이 우리 대기업의 자화상입니다. 그러나 도덕적이고 성실한 실패에 대해서는 다시 기회를 주는 문화가 되어야, 우리나라 대기업이 살아남을 수 있을 것입니다."

- 2011. CBS 라디오, 안철수

# 안랩과 안철수의 기업윤리

## 안랩 약평

안랩은 내수시장 의존비율이 95%에 달하는 국내용 기업이고 주요 매출은 주로 관공서나 몇몇 기업들에서 발생했다는 것이 대체적인 평가다. 안랩은 2002년, 2003년에 중국과 일본 시장에 진출한다고 선언했지만 실적은 미미한 실정이다. 그리고 안티바이러스 프로그램 시장에서 안랩의 V3는 하위권에 속하는 프로그램이며 특히 'V3 8.0'은 백신 프로그램 평가업체 AV-Comparatives사의 2012년 3월 테스트에서 최하위를 기록하기도 했다.

그럼 안랩의 주식 구조는 어떠한가. 안랩의 주식 구조를 살펴보면 안철수가 주식기부 의사를 발표하기 전후 변함없이 37% 정도를 유지하고 있다. 즉 경영권 방어는 확실하다는 것이고 특이사항은 안랩 주식을 가진 대형펀드는 없다는 사실이다. 그것은 대체로 기업 가치와 관련 있는데 안랩의 기업 가치를 나타내는 주가는 안철수의 정치 행보로 급등하기 이전에는 5년 내내 거의 2만 원을 밑도는 수준에서 정체되어 있었다.

안철수 개인에 대한 고배당 문제도 회사를 평가하는 하나의 기준이 될 수 있다. 안철수는 2004년부터 2010년까지 7년 동안 매년 11억 원에서 14억 원까지 약 100억 원 정도의 배당금을 챙겼다. 안랩 정도 규모의 회사치고는 배당금이 많은 편이다. 주식 배당금 지급이 불법은 아니지만 안랩이라는 기업의 규모를 고려해볼 때 기업 가치나 투자 가치 등과 관련해서 부정적 이미지를 심어줄 수 있는 정도라고는 할 수 있다.

또 여기서 2010년 말 강용석 전 의원이 제기했던 안랩에 대한 정부 지원 문제를 한 번 짚어보자. 강용석에 따르면 안랩은 2008년 스마트용으로 개발한 모바일 백신이 시장 장악에 실패하자 2010년 10월 정부로부터 예산지원을 받아냈다.

당시 지경부는 '월드 베스트 소프트웨어 프로젝트'의 '원천기술 지원개발사업'에서 안랩을 보안소프트웨어 부문에 선정했다. 이후 108억 원을 총예산으로 정부출연금 66억, 나머지는 안랩 조달로 수년간 나누어서 안랩을 지원했다.(안랩 조달분은 직원월급 등 기존 회사 경비로 처리) 그리하여 안랩은 2010년 16억, 2011년 16억, 2012년 8억(예정) 등 총 38억의 정부출연금을 지원받았다.

그런데 당시 안랩 백신의 바이러스 탐지율, 방어율은 80% 초반 수준이었다. 이는 세계수준에 비춰 미달 점수를 받은 것이라고 평가할 수 있는데 당시 세계시장에서 안랩의 기술 수준은 50위권 바깥이었고 점유율은 300위권 이하로 알려져 있다. 안철수 개인 배당액이 1년에 14억 원이었고 임원주식 투자나 기술 수준 정도 등을 고려하면 과연 적절한 정부지원이었는지 의문이다. 다음은 당시 강용석 전 의원이 국회지식경제위에서 안랩이 원천기술지원개발사업 대상자로 선정된 데 대해 지경부 제1차관에게 항의했던 내용의 일부다.

그게……. 안랩에다가 뭘 맡긴 거냐면 모바일 악성 프로그램 방지 및 방어 솔루션을 개발, 이런 거를 맡겼습니다. 그러니까 한마디로 말하면 모바일에서 사용하는 백신을 개발하는 그런 사업인데요, 모바일 백신이 원천기술입니까? (……) 기술이 문세가 아니고 소프트웨어인데, 모바일 백신은 절대로 산업 원천기술이라는 게 될 수가 없습니다. 그냥 소프트웨어죠. 끄트머리, 맨 마지막에 있는 엔드 유저들이 사용하는 거데요, 그걸 산업원천기술이라고 선정해놨다는 거 자체가 이상한데……."

## 안랩의 주가 폭등과 책임윤리

2011년 10월 초 안철수의 서울시장 출마가 유력하다는 보도가 나가자마자 안랩의 주가는 전일 대비 14.95% 오른 4만 5천 원의 상한가를 기록했다. 당시 여론조사 결과에 따르면 안철수가 서울시장에 출마했을 경우 지지율이 50%까지 나오는 등 압도적인 지지세를 보였다. 이와 관련하여 당시 안랩은 물론 안철수와 조금이라도 연관이 있던 관련주까지 강세를 보였다. 코스닥 기업 '클루넷'은 당시 안랩과 공동으로 보안 사업을 하기로 했다는 사실이 알려지며 상한가를 기록했고 'KT뮤직'은 사외이사 박경철이 안철수와 친분이 깊다는 이유로 주가가 급등했다. 참고로 아래는 2011년 당시 안랩의 주가 변동 추이다.

- 서울시장 출마설이 나오기 이전 7~8월 : 2만 원~3만 5천 원
- 서울시장 출마설이 나온 9월 첫 주 기준 : 4만 5천 원
- 서울시장 후보 박원순에게 양보 직후 : 10만 원까지 상한가
- 1천5백억 원 기부발표 시점 : 9만 3천5백 원

결론은 안랩이 기업적으로 아무런 호재가 없었던 상황에서 작년 7월경 1만 6천5백 원이던 주식이 서울시장 보궐선거 후 9만 3천5백 원이 되었다는 것이다. 안철수의 지분액은 당시 약

529억 원에 불과했지만 이후 3천억 원이 되었고 그 시점에서 1천5백억 원을 사회에 기부한다고 했던 것이다. 즉 안철수가 기부한다고 하는 액수를 제외하더라도 불과 몇 달 새 1천억 원에 가까운 돈을 번 셈이다. 그런데 당시 주가 폭등 원인에 대해 질문했던 기자들에게 안랩은 "이유 없다."고 대답했다. 사업적으로 모멘텀 없던 주식이 3개월 동안 최대 5배가 상승했다. 이것은 안랩 주식이 정치테마주라는 것 이외엔 설명할 방법이 없다.

안철수는 과연 자기 회사의 주가가 요동치는 것에 대해 책임의식을 느끼고 있을까.

여기서 '책임윤리'에 대해 간단하게 생각해보자. 〈직업으로서의 정치(Politic als Beruf)〉는 1919년 막스베버가 독일 뮌헨대학의 '자유학생연합'이라는 진보적 학생단체의 초청을 받아서 했던 강연 제목이다. 여기서 'Beruf', 즉 '직업'이라는 말은 독일어로 '생업'과 '소명' 두 가지 뜻이 있다. 베버는 그것이 '정치를 통해 먹고 사는 직업정치가'와 정치 그 자체를 위해 사는 직업 정치가, 즉 '소명의식을 가진 정치가'라는 두 가지 의미가 있다고 설명했다. 그리고 인간의 윤리를 크게 두 가지 유형, 즉 '신념윤리'와 '책임윤리'로 나누었다. '신념 윤리가'는 자신의 신념이 행한 결과에는 아랑곳없이 자신의 신념 그 자체에만 열중하는 사람을 말하고, 그에 반해 '책임 윤리가'는 자기 행동의 예견 가능한 결과에 대해 책임을 져야 한다는 원칙에 따라서 행동

하는 사람을 말한다. 막스 베버의 '직업으로서의 정치' 강연은 오늘날까지도 '정치와 정치가의 정의'에 대한 고전으로 평가받고 있다.

그간 안철수 자신이 말한 대로라면 안철수는 '책임윤리가'임이 분명하다. 안랩과 바이러스 백신에 대한 그의 열정과 헌신, 도전정신과 사회적 기여가 오늘날의 그를 이끌었다. 그리고 이는 그 자신에게 명예와 돈 그리고 사회적 지위와 정치 문화 권력을 가져다주었다.

그런데 2011년 9월 이후 안랩 주가는 안철수의 사소한 말 한 마디와 행동에 따라 급등해왔다. '대선 테마주식'이란 말은 현재 대중들에게 형성되어있는 그의 이미지와 전혀 어울리지 않는다. 게다가 안랩의 주가가 급등하자 안랩의 경영진은 지난 2011년 9월 즈음 자사주를 대거 처분하여 거액을 챙겼다. 하지만 안철수는 여기에 대해 아직까지 그의 사회적 지위에 걸맞은 어떤 '책임윤리'도 보여주지 않고 있다.

"중소 벤처기업을 창업해도 성공할 확률이 너무 낮습니다. 게다가 기업가 정신을 결정적으로 질식시키는 것은 한 번 실패하면 평생 금융사범이 될 수밖에 없게 만드는 잘못된 구조입니다."

- 2009.1.2. 한국경제매거진, 안철수

"재벌들은 모든 걸 제 스스로 이룬 것처럼 행동하면서 이익을 독식하고 사회적 책임을 지지 않았죠. 특히 노동자, 협력기업 등 기업 이해관계자들을 배려하지 않고 편법상속, 내부거래 등으로 기업의 이익과 재산을 빼돌리는 일도 많지 않았습니까?"

- 2012.7. 안철수의 생각, 안철수

"기업주가 전횡을 일삼거나 주주일가의 사적 이익을 추구한다면 그건 범죄가 되겠죠. 이런 행위가 법률과 제도적으로는 처벌 대상이 되는데 지금까지 행정, 사법부가 입법 취지대로 집행하지 않은 게 문제라고 봅니다."

- 2012.7. 안철수의 생각, 안철수

# 안철수는 과연 '정직한 기업인'인가

## 안철수의 국민은행 사외이사 논란

안철수는 2001년 3월 국민은행 사외이사로 선임됐다. 온라인 복권(현 로또복권) 위탁사업 운영기관이었던 국민은행(당시 '주택은행')은 같은 해 4월부터 복권사업자 선정 작업에 착수했고 2002년 1월에 우선협상대상자를 발표할 예정이었다.

그런데 2001년 말부터 안랩이 참여한 'KLS 컨소시엄'이 복권사업 우선협상대상자로 선정될 것이란 얘기가 금융권에 떠돌았다. 입찰경쟁자들이 이에 대해 문제를 제기하자 안철수는 2002년 1월 19일 국민은행 사외이사직을 그만뒀다. 안철수가 사임하고 9일 뒤 국민은행은 'KLS 컨소시엄'을 '우선협상대상자'로 결정했다. 당연히 경쟁사들은 반발했다. 당시 입찰 경쟁사 중 하나였던 '위너스시스템'은 그해 3월 법원에 '계약체결금지 가처

분신청'을 냈다. 원고 측은 신청서에서 "KLS 컨소시엄 참가업체인 안랩의 안철수 사장이 국민은행의 사외이사를 지내는 등 공정성에 문제가 있다."고 주장했는데 당시 법원은 가처분신청을 받아들이지 않았다. 안철수는 1년 뒤인 2003년 3월에 사외이사직에 복귀해서 2004년 3월까지 일했다. 안철수의 공보담당인 유민영 전 청와대 춘추관장은 이에 대해 "당시 24개 컨소시엄에 보안업체가 반드시 포함되어야 했으며 안랩은 '보안업체'로서 참여했던 것일 뿐"이라고 해명했다. 그리고 "안철수 당시 사외이사는 사업수주와 관련 아무런 권한이 없었다."고 주장하면서 "그럼에도 혹시 있을지도 모를 충돌에 대비하고 공과 사를 분명히 하기 위해 사퇴한 것"이라는 말도 덧붙였다. 그리고 이후 안철수가 다시 사외이사로 복귀한 것은 안철수의 그런 자세를 높이 평가받았기 때문이라고 했다.

안철수 자신이 사외이사로 있는 은행이 주관한 사업 입찰에 자기 회사가 응모하는 것이 과연 공정하고 상식적인 일인가. 안랩이 보안업체로서 참여했기 때문에 괜찮다는 논리는 또 무엇인가. 우리나라에 보안업체가 안랩 하나밖에 없는 것도 아닌 데 말이다. 그리고 사외이사직을 일 년간 비운 건 눈 가리고 아웅 하겠다는 일종의 꼼수지 공과 사를 분명히 하기 위한 것이라고는 보기 힘들다.

## 안철수와 'V소사이어티' 논란

지난 2003년 4월 최태원 SK그룹 회장 분식회계사건 당시 최태원의 구명을 위한 'V소사이어티' 회원들의 '탄원서'에 안철수도 서명했던 사실이 밝혀졌다. 안철수는 최근 그의 책에서 머니게임과 화이트칼라 범죄, 높은 지위에 있는 사람 처벌 강화와 기업주 전횡, 주주일가의 사적 이익에 대한 유전무죄 등을 언급해왔기에 이번에 밝혀진 안철수의 과거 행각은 나름 충격적이다.

그런데 탄원서에 이름만 올렸다는 안철수의 변명과는 달리 안철수는 최태원과 매우 긴밀한 관계였던 것으로 보인다. 조원진 새누리당 의원은 안철수가 2000년 7월 최태원과 함께 'IA시큐리티(현 유비웨어랩)'라는 회사를 설립했으며, 탄원서 서명 직후 시점인 2003년 4월 29일까지 이 회사의 대표를 역임했다고 주장했다. 탄원서를 낸 시점에 안철수와 최태원은 동업자 관계였다는 것이다.

또 〈주간조선〉 보도에 따르면 'V소사이어티'의 지분 3.88%가 안철수의 부인 김미경의 소유인 것으로 밝혀졌다. 그런데 김미경이 주주로 등재된 시기가 김미경의 미국 유학 시기와 겹치기 때문에 안철수가 부인을 통해 'V소사이어티' 주식을 차명으로 보유하려 한 것 아니냐는 의혹이 제기되고 있다. 그뿐만 아니라 현재 안랩의 김홍선 대표도 1만 주(1.08%)의 'V소사이어티' 주식을 가지고 있다는 것도 밝혀졌다. 또 한편 안랩 자회사인 '자무스'는 'V소사이어티' 회원들과 인터넷 전용 은행 설립을 시도했으나 대기업의 은행업 진출에 대한 비판에 막혀 무산된 바 있다.

재벌가 모임은 주가조작 등 각종 비리의 창구로 변질되기 쉽다는 점에서 비판의 시각에서 자유롭지 못하다. 특히 안철수는 그간 재벌의 불공정 행위를 비난하면서 도덕적 우위를 누려왔던 사람이다. 특히 안철수는 한 강연에서 "경제사범은 사형시켜야 한다."는 말까지 했던 터라 안철수의 최태원 구명운동 참가는 안철수에 대한 신뢰도에 심각한 영향을 미치는 사안이라고 평가한다.


## 벤처기업 'A사' 의혹

2002년 4월 1일 〈한국일보〉 보도에 이런 내용이 있다. 당시 벤처비리를 수사 중이던 서울지검 특수3부가 벤처업체들로부터 거액의 투자 사례비를 받은 혐의로 구속된 한국산업은행 벤처지원팀장 강성삼(48) 씨의 계좌에서 10억 원 안팎의 뭉칫돈을 발견하고 돈의 출처를 추적 중이었는데, 검찰은 산업은행이 보안 관련 유명 벤처업체인 'A사'에 투자해 지분 1.9%를 보유했고 강성삼은 2000년 3월 A사 등 3개 벤처의 비상근이사로 등재된 사실을 확인했다는 것이다. 위 내용은 2001년 말 무렵 검찰이 대대적으로 각종 게이트, 공적자금, 4대 구조조정기금 및 정보화 촉진기금, 금감원 인지 사안, 최모 씨 게이트, 기타 벤처비리 등을 기획 수사했을 때 서울지검 특수3부에서 진행된 어떤 '벤처비리' 수사에 대한 내용이다.

당시 벤처 기업의 윤리와 투명성은 바닥 수준이었으며 경영 공시 등에서 허위사실 유포는 일반적이었고 자금 조달과 주식 상장 등에서 온갖 편법과 뇌물이 횡행했다. 벤처회사는 국책은행 등의 투자 여부 자체가 기업의 신인도와 직결되었기에 산업은행 등 국책은행 간부 다수가 업체로부터 편의제공의 대가로 주식을 받았다. 위의 보도는 그런 무수한 사례 중의 하나다. 그런데 과연 위 보도에 나오는 A사는 어떤 회사일까?

당시 벤처비리를 보도한 〈신동아〉 기사 내용을 보면 "사실 벤처업계를 둘러싼 주가조작, 정·관계로비, 펀딩·부정비리가 횡행한 건 어제오늘의 일이 아니다. 신문기자 출신의 한 벤처기업인은 요즘도 '죄 없는 사람이 돌을 던지라'는 식으로 말하고 다니는 CEO가 적지 않다고 한다. 서로 다 알면서 해먹는 것이다. 죄의식도 별로 없다. 회계 조작이나 허위매출, 허위공시, 내부자 거래, 권력자에 대한 로비, 차명투자, 불법적 자금조달, 공금유용, 하룻밤 수백만 원씩 하는 룸살롱 접대……. 길게 말할 것도 없이, 저지른 일은 자신이 가장 잘 알 것"이라고 한 벤처업계 사장의 증언이 나온다.

또 위 기사에는 "금감원이 검찰에 통보하거나 행정처분을 내린 주요 내사업체 중 (정부)기금이 투입된 상장사가 전체 74개 중 21개에 이르고 이 중 상당수는 자사의 전환사채(CB)나 신주인수권부사채(BW), 주식 등을 인수하는 시점을 이용해 주가조작을 한 것으로 밝혀졌다."라는 내용도 나온다. 당시 이 벤처비리 수사와 관련해 국정원 직원, 산업은행 임원 및 간부, 정통부 간부 등 숱한 인물들이 적발되어 처벌을 받았다.

안철수는 '머니게임'이나 화이트칼라 범죄에 대해 처벌을 강화해야 한다고 자기 입으로 말했다. 최태원 구명 탄원 건은 사과만 하면 어떻게 무마할 수도 있는 성질의 사안이라고 할 수 있고 국민이 판단할 도덕성과 위선의 문제에 불과하다. 그러나 만약 안철수가 머니게임 및 화이트 칼라 범죄에 관련됐다면 이는 대통령 출마에 치명적인 결격사유가 될 것이다. 안철수의 BW 의혹에 대해 "대세는 그 정도는 봐준다."고 하는 2012년 8월 중앙일보 논설위원의 칼럼은 그 배경과 의도에 의심이 갈 정도로 황당하다. 아직 우리나라가 그 정도로 타락하지는 않았으리라 믿는다. 안철수는 위 보도에 나왔던 A사가 어느 회사인지 곰곰이 생각해 보고 국민들에게 위 A사는 안랩이 아니라고 분명히 밝혀서 의혹을 완전히 해소하기 바란다.

## 2002년 '검찰 조사' 의혹과 검찰 조사 사실을 부인했던 안철수

2012년 〈신동아〉 9월호는 2002년 3~4월경 있었던 벤처비리 관련해서 안철수의 검찰수사 의혹을 정면으로 다뤘다. 이 사건은 2002년 4월 초 서울중앙지검 특수3부가 산업은행 벤처투자 팀장에게 투자사례금으로 거액을 건넨 코스닥 유명 벤처인들을 '적발수사'했던 사건인데 같은 해 7월 5일 서울고법 합의부에서 최종판결이 났다. 당시 주범인 산업은행 K 씨와 그의 부하 K 차장은 각각 징역 5년과 추징금 11억 9천만 원, 9억 8천만 원을 선고받았다.(추징금은 뇌물 액수와 비슷) 이때 이들에게 리베이트를 준 회사로 B사, J사, H사, O사 등 네 벤처사가 적발됐다. 이 수사과정에서 K 씨 계좌에서 거액이 발견되었고 검찰이 이를 단초로 수사를 하다 앞서 언급한 'A사'까지 걸려든 것으로 보인다.

여러 정황을 보면 안철수가 검찰 조사를 받았다는 것은 사실처럼 보인다. 그런데 안철수는 자신이 검찰 조사를 받았다는 사실 자체를 부인한 바 있다. 신동아, 월간중앙, 일요신문, 주간한국 등 유수한 언론들이 안철수의 검찰수사와 간염 진단서 제출, BW 의혹을 제기했지만 안철수 측은 "조사받은 사실이 없다."며 검찰 조사 사실 자체를 부인하는 태도로 일관했다. 신동아가 안철수와 안랩 측은 왜 언론보도에 대한 정정을 요구하지 않느냐고 묻자 안랩 측은 "조사받은 사실이 없으니까……."라며 얼버무렸고 "나머지 부분은 내(유민영)가 대답할 것이 아니다."라고 했다. 실제 나는 여러 기자들로부터 상기 사실이 보도된 직후 안랩 측이 법적 대응 운운하며 강경하게 나오다가 기자들이 버티니까 그냥 흐지부지했다는 말을 들었다. 실제 어떤 기자는 나에게 와서 상담하기도 했고 나는 무조건 버티라고 충고하기도 했다.

자신의 주식 관련 검찰수사설이 거의 10개월간 보도되고 있는데도, 정작 본인은 침묵하고 엉뚱하게 회사 측이나 대변인 격이 나서서 "아니다."라고 얼버무리는 것이 정상적인 상황인가. 안철수는 왜 'V소사이어티' 같은 자잘한(?) 의혹에 대해서는 즉각 해명에 나서면서 정작 대선후보로서 중대한 결격 사유가 될 수 있는 중대한 의혹에 대해선 침묵으로 일관하는가.

아래는 안철수의 검찰 조사와 관련한 언론 기사 내용들을 요약 정리한 것이다. 안철수가 2002년 당시 검찰 조사를 받았는지 안 받았는지에 대해 독자들이 알아서 판단하기 바란다.

### 2002년 당시 한겨레, 한국일보, 세계일보 등

당시 "안철수가 그해 3월 지병인 간염이 악화되어 5월까지 요양을 했다."는 보도들이 있었다. 그리고 안철수가 사실상 경영 일선에서 물러날 뜻을 비쳤다는 내용도 보도되었다.

안철수와 동종업계 벤처 기업인이 "2002년 당시 안랩에 파견 나왔던 산업은행 이사 K 씨와 그가 투자를 진행했던 벤처 기업 4곳 대표들의 투자비리가 적발되었을 때 안철수가 검찰 조사를 받은 적이 있다."고 말한 것을 보도했다. 그는 "이때 안철수 원장도 조사를 받았지만 급격한 건강악화를 이유로 검찰 조사가 중단된 것으로 안다"고 덧붙였다.



주간한국은 '안, 신주인수권부사채 헐값 인수 주장, 삼성, 안 BW 저가인수 왜 대응 안했나'라는 제목의 기사에서 안랩 BW 발행 당시 2대 주주이던 삼성SDS가 안철수의 BW 인수로 자기 회사 지분이 낮아지는데 왜 대응하지 않았는지에 대한 의혹을 제기했다. 이 기사는 '이건희, 안철수, 그리고 검찰'이라는 소제목으로 2002년 안랩이 K 씨 사건에 연루되었던 의혹을 전하면서 "안이 삼성에 치명적인 약점이 잡혀있는 게 아니냐."라는 추측을 인용하여 언급했다. 그러면서 "최근 BW 헐값인수 의혹과 관련해 검찰이 석연치 않은 이유로 사건을 마무리했다."는 소문이 정치권에 확산되고 있다고 전했다. 또 "안랩이 산업은행, LG창투 등에서 모두 14억 원의 투자를 유치하는 과정에서 사정기관은 안랩 측이 산업은행 담당직원에게 로비한 정황을 포착하고 관련 내용을 조사한 것으로 파악되고 있다."고 했다. 그리고 주간한국은 아예 "안철수가 1999년 BW를 발행하면서 산업은행 담당직원에게 BW를 우회 증여하고 BW 발행으로 311억 원의 부당 시세 차익을 얻은 혐의로 조사를 받았다."는 의혹을 직접적으로 전했다. 그리고 이 사건 담당 A 검사는 이후 삼성계열 금융사 윤리경영실로 자리를 옮겼다는 사실도 전했다. 이 주간지는 또 검찰이 이때 안철수를 조사하다 지병인 간염이 악화됐다는 이유로 기소하지 않았고 안은 미국으로 떠났다는 의혹을 보도했다. (주간한국의 이 기사는 이후 인터넷에서 즉각 삭제되었다.)

## 2012년 2월 26일 일요신문

일요신문은 "안철수가 검찰에 불려 나가 조사를 받았다."며 "산업은행 K 씨에게서 안랩 주식이 나온 것으로 들었다."고 복수 취재원들의 입을 빌려 보도했다. 이 신문은 벤처업계 인사의 입을 빌려 "K 씨 계좌에서 안랩 주식이 나왔고 이와 관련 안 원장이 조사받은 건 사실이다. 당시 검찰은 K 씨가 안 원장이 다량의 BW를 발행하도록 일조한 의혹을 잡고 K 씨 계좌에 들어있던 주식의 대가성 여부를 조사했던 것으로 안다."고 전했다. 또 이 신문은 "당시 안철수가 한 종합병원에서 진단서를 뗐다는 애기를 병원관계자에게 들었다. 병명이 간염인데 진단서 상으로는 조사가 힘들 만큼 심각했던 것으로 들었다. 당시 검찰 조사와 맞물린 간염 재발을 의아하게 생각했던 기억이 있다."고 업계 관계자의 말을 전했다.

## 2012년 신동아 9월호

신동아는 2002년 4월 1일 자 한국일보의 'A사 관련 기사'를 바탕으로 기사를 작성했다. 신동아는 당시 해당 기사를 쓴 한국일보 배모 기자와 통화했는데 그는 "취재한 사실대로 썼다. 나는 검찰 출입기자였고 취재원은 검찰 관계자"라며 "A사는 안랩이 맞다."라고 확인했다. 신동아는 또 이 사안과 관련 과거 유명한 벤처 기업인 K모 씨를 인터뷰했는데 그는 당시 검찰 수사관이 "오늘 안철수가 온 것 같은데 아느냐?"라고 말했다고 했다. 또 그는 "안철수가 간염으로 아프다고 검찰수사를 무마한 것 같다. 어떤 분이 도와준 것 같고."라는 이야기를 모 기자로부터 들었다고 했다. 당시 그 기자는 편집장이 허락하지 않아 기사를 못 썼다고 한다. 또 신동아는 2012년 총선에서 낙선한 한 전직의원이 신동아 인터뷰에서 "2002년 당시 안이 검찰 조사를 받았다는 취지의 말을 서울 중앙지검 특수3부장 S모 씨에게 들었다."고 증언한 것을 소개했다. S 씨는 삼성 계열 금융 관련 회사 부사장이다. S 씨는 자기가 직접 조사한 주임검사는 아니었지만, 안철수가 조사받은 사실을 부인하지는 않았다고 한다.

"저는 시장만능주의를 경계하는데요. 시장만능주의에 빠지면 탐욕을 통제하기 어렵다고 봅니다. 규제를 줄이는 것은 좋지만 감시는 강화해야 하고, 시장이 정글이 되게 방치해서는 안 된다고 생각합니다. 금산분리의 경우 반드시 강화해야 한다고 생각합니다. 기업의 선의를 그냥 믿기는 어렵기 때문입니다."

- 2012.7. 안철수의 생각, 안철수

"시장이 불공정한데 정부가 감시자 역할을 못하고 있다. 불공정거래가 일어나고 있는데도 뒷짐 지고 있다. 지금은 무법천지다. 약탈 행위가 일어나는 무법천지를 정부가 방조하고 있다."

- 2011.8.8. 주간조선, 안철수

"오해 때문에 명예를 많이 잃었죠. 사실 명예를 가장 소중하게 생각하고 살았는데 정치적으로 색깔이 덧칠되면서 중상모략도 당했고요, 검찰과 국세청에 말도 안 되는 건으로 고발하는 사람들도 있더군요."

- 2012.7. 안철수의 생각, 안철수

## BW 발행 당시 안랩 주식 변동 상황

〈표〉 안랩의 자본금 변동상황 (단위 : 천원, %)

| 일자 | 원인 | 증가(감소)한 주식의 내용 | | | 증(감)자 후 자본금 | 신주의 배정 방법 | 증자 비율 |
| --- | --- | --- | --- | --- | --- | --- | --- |
| | | 수량 | 주당 액면가액 | 주당 발행가액 | | | |
| 1995.3.18. | 법인설립 | 10,000주 | 5,000원 | 5,000원 | 50,000 | 설립 | - |
| 1997.1.29. | 유상증자 | 10,000주 | 5,000원 | 5,000원 | 100,000 | 구주주 | 100 |
| 1997.4.4. | 유상증자 | 5,000주 | 5,000원 | 50,000원 | 125,000 | 3자배정 | 25 |
| 1998.10.23. | 무상증자 | 45,000주 | 5,000원 | - | 350,000 | 구주주 | 180 |
| 1998.10.24. | 유상증자 | 30,000주 | 5,000원 | 5,000원 | 500,000 | 구주주 | 42.9 |
| 1998.12.19. | 유상증자 | 20,000주 | 5,000원 | 45,000원 | 600,000 | 3자배정 | 20 |
| 1998.12.24 | 유상증자 | 10,000주 | 5,000원 | 50,000원 | 650,000 | 3자배정 | 8.3 |
| 1999.10.27. | 무상증자 | 250,000주 | 5,000원 | - | 1,900,000 | 구주주 | 192.3 |
| 2000.2.9. | 액면분할 | - | 500원 | - | 1,900,000 | - | - |
| 2000.10.13. | 유상증자 | 1,461,988주 | 500원 | 1,710원 | 2,630,994 | 안철수 | 38.5 |
| 2001.9.5. | 유상증자 | 1,912,732주 | 500원 | 23,000원 | 3,587,360 | 일반공모 | |

출처 : 안랩 분기보고서 2001.11.13. 금융감독원 전자공시

오늘날 안철수의 수천억 원대 재산의 상당 부분은 1999년 10월 초 발행했던 BW에서 비롯되었다고 할 수 있다. 그 이전, 안랩의 매출은 1995~1996년 2년간은 5억 원 안팎이었고 1997년에도 고작 10억 원 수준이었다. 납입자본금도 1997년 말 기준 1억 2천5백만 원에 불과했다.

산업은행의 안랩 투자와 주식 보유는 안랩에 대한 국책은행의 신뢰(?)를 보여 줌으로써 이후 LG창투 등의 추가 투자와 더불어 코스닥 상장의 주요 계기가 되었다. 한편 1999년 4월 26일 터진 체르노빌 바이러스로 백신 매출이 폭증하여 1998년 22억 원이던 매출이 1999년에는 83억 원 매출로 늘어나고, 이어 2000년 130억 원, 2001년 253억 원으로 지속적으로 급성장했다.

## 안철수, 부富와 악惡의 근원 'BW'를 발행하다

1999년 10월 7일 안랩은 2001년 코스닥 상장을 앞두고 오너의 경영권 방어를 명분으로 안철수 개인에게 주당 5만 원에 5만 주, 즉 25억 원의 BW(신주인수권부사채) 발행을 승인하게 된다.

그리고 BW 발행 직후인 1999년 10월 27일 192.3%의 무상증자로 안랩의 발행 주식 총수는 25만 주가 늘어나 총 38만 주가 되었다. 이후 2000년 2월 9일 액면분할을 통해 발행 주식 수는 그 열 배인 380만 주가 되었고, 2000년 10월 13일에 안철수가

BW를 행사하여 총 1,461,988주를 취득함으로써 2000년 말에는 총 주식 수가 526만여 주로 늘어나게 된다.

이러한 과정을 통해 안철수 개인의 주식 수도 자연스럽게 증가했다. 2000년 10월 BW 행사 시 안철수가 인수한 주식은 위에서 언급한 바와 같이 146만여 주였다. 여기에 원래 자기가 보유하던 주식 5만 여주 또한 무상증자, 액면분할로 29.23배로 늘어나면서 약 146만 주가 되었고, 2000년 말 기준 안철수 개인의 총 주식 수는 286만 5천 주(지분 54.45%)가 되었다.

이러한 과정을 거쳐 코스닥 상장을 하였고 금융위기 직후 빼고는 주가는 거의 변동이 없었다. 이후 또 다른 유무상 증자로 늘어난 안랩의 총 주식 수는 현재 약 천만 주다. 안철수 개인은 372만 주를 가지고 있고 이것이 지금까지 이어지고 있다.

### 신주인수권부사채(BW : Bond with Warrant)

회사채란 회사에서 자금조달을 위해 발행하는 증권으로 만기와 이자율이 정해져 있는 채권이다. 이러한 회사채 중에서 해당 회사의 신주를 인수할 수 있는 권리를 별도로 부여한 회사채를 '신주인수권부사채(BW)'라고 한다.

BW를 보유한 자(투자자)는 발행회사로부터 약정한 가격에 주식을 매수할 권리가 있으며 매각할 경우 그 차익을 얻을 수 있다. 투자자의 입장에서 보면 채권으로서의 권리 외에 추가로 주가상승 시 주식시세 차익을 얻을 수 있다는 것이 가장 큰 매력이다. 전환사채가 전환권 행사에 의해 '채권'의 지위는 사라지는 반면 BW는 신주인수권 행사와 별도로 만기까지 채권은 그대로 존속된다.

물론 신주를 인수할 수 있는 기준가격이 정해져 있으므로 주가를 봐서 신주 인수가 유리하면 신주를 인수할 수 있고 그렇지 않으면 신주를 인수하지 않고 만기 때 회사채로서 이자와 원금을 돌려받을 수도 있다.

## 강용석의 BW 의혹 제기와 안랩의 해명

2012년 2월 강용석은 1999년 안철수의 BW 발행에 대해 배임 횡령 혐의로 검찰에 고발했다. 또 주총에서 BW 발행에 동의했다 하더라도 참가 주주가 합의한 사항이 BW 발행의 목적인 회사 자금 조달이 아니라 특정인의 차익 실현을 위한 고의적인 '저가 BW 발행'이라면 법인에 대한 배임 횡령에 해당할 수 있다고 주장했다.

안철수와 강용석 간 고발사건의 핵심은 간단하게 이야기하면 1999년 10월 신주인수권부사채(BW) 발행 당시 안철수 측이 의도적으로 BW를 저가로 발행하여 법인(안랩)과 채권자, 소액주주들에 손실을 끼친 배임 횡령 탈세 혐의가 있는지 여부다.

또한 당시 주식의 시가(5만 원) 보다 훨씬 낮은 가격을 행사해 회사에 해를 끼쳤다는 것이고 강용석은 유사한 사례로 삼성SDS 사건이 배임 횡령으로 판결 났던 점을 법률적 근거로 지적하여 검찰 조사에서 안랩 BW 문제와의 형평성을 언급했다.

이러한 강용석의 고발에 대해 검찰은 "BW를 처음 인수할 때 헐값이어야 죄가 되지, 행사할 때 가격이 얼마인지는 중요하지 않다."는 결정적인 언급을 했다.(2.22. 경향신문) 그리고 검찰은 2012년 5월 5일 강용석의 안철수 고발에 대해 "공소시효가 지났다."고 일축했다. 이렇게 강용석의 안철수 고발건은 흐지부지 되었다.

당시 안랩 측은 "장외거래가 있었다면 우리 쪽에서 입증 못했을 리가 없는데 장외거래 내역 등 명확한 증거가 있으면 그것을 제시하면서 설명하라."고 목소리를 높였다. 또 지난 2월 BW 의혹이 제기되었을 때 익명의 삼성SDS 관계자는 언론에 등장해 "문제없다."고 거든 바 있다.(2.14. 머니투데이) 그리고 최근 〈중앙일보〉는 7월 31일 자 칼럼에서 "그 정도 의혹은 국민이 납득한다."라고 했다.

나는 안랩의 BW 행사가격 1,710원(무상증자 후 17,105원, 액면분할 후 1,710원)의 문제가 아닌 BW 발행가격 5만 원의 적정성 문제를 제기하였다. 안랩 측은 장외거래가 없었다고 주장하며, 자신들이 발행한 BW 발행가격 5만 원도 외부평가기관(삼일회계법인)이 평가했던 가격 31,976원보다 높은 가격이라며 자기들은 떳떳하다고 했다. 당시 안랩 주식이 5만 원 이상으로 장외 거래 되었다면 안랩의 BW 행사는 원천적으로 배임, 횡령이라고 할 수 있다. 그래서 안랩 측은 장외거래가 없었다고 큰소리칠 수밖에 없었던 것이다.

## BW 발행 당시 안랩 주식의 장외거래는 있었다

안랩은 1995년 당시 안철수와 한글과컴퓨터(한컴)가 5,000만 원을 공동 출자해 설립했고 1997년 한컴은 삼성SDS에 주식을 매각하였다. 이후 유무상 증자를 통하여 1998년 10월까지 자본 금 5억 주식 수 10만 주가 되었다. 그리고 1999년 12월 한국산업 은행, LG 투자조합 1호가 유상 증자로 참여해 총 13만 주 자본 금 6억 5천만 원이 되었다. 이 과정에서 주주가 6명뿐이라 장외 거래가 일절 없었다는 안랩의 말과는 달리 주식 일부가 5대 주 주인 (주)나래이동통신과 그 회사의 L모 씨 개인 지분 등으로 흘러갔으며 이때 이 주식이 안랩의 해명과는 달리 '장외거래'된 것이 확인됐다.

1998년 들어 삼성SDS의 참여로 안랩의 매출이 조금 호조 되 자 산업은행과 LG창투가 각기 9억, 5억을 투자했고 99년 체르 노빌 바이러스 확산으로 매출과 순이익이 급증했다. 이런 이유로 당시 안랩 주가가 폭등했기 때문에 적은 물량이지만 간간이 장외에서 고가로 거래된 것은 분명한 사실이다.

## BW 발행 당시 장외거래가가 있었다는 증거

당시 과연 안랩 주식이 장외 거래가 돼서 '장외거래가'가 형성되었는가. 또 장외거래가 있었다면 얼마였고 그 가격은 안랩 주총이 정한 BW 발행가보다 높았는가 하는 문제가 BW 발행 문제의 핵심이다.

나는 안랩 주식의 5대 주주인 (주)나래이동통신이 1999년과 2000년에 안랩 주식을 사고판 사실을 1999년, 2000년 (주)나래이동통신 회계보고서에서 확인했다. (주)나래는 2000년 2월 11,500주를 주당 200,000원에 매입한 것 외에도 BW 발행 직전인 99년 9월 보유주식 중 5,000주를 매도한 것으로 밝혀졌다.

〈표 1〉 1999년 9월 나래이동통신 안랩 주식 5천 주 장외매도

| 법인명 또는 종목명 | 기초잔액 | | | 증감내역 | | 기말잔액 | | | 적요 | |
| --- | --- | --- | --- | --- | --- | --- | --- | --- | --- | --- |
| | 수량 | 지분율(%) | 취득원가 | 수량 | 취득원가 | 수량 | 지분율(%) | 취득원가 | 취득(지분)일자 | 원인 |
| ㈜나우콤 | 140,000 | 14 | 1,400 | | – | – | 140,000 | 14 | 1,400 | – | – |
| (중간 생략) | | | | | | | | | | |
| ㈜안철수바이러스연구소 | 10,000 | 7.69 | 375 | △5.000 | △188 | 14,615 | 3.85 | 187 | '99.9 | 처분 |
| (중간 생략) | | | | | | | | | | |
| Udeco.com | – | – | – | 1,450,000 | 2,156 | – | – | 2,156 | '99.8 | 취득 |
| 합계 | | | 19,769 | | △2,405 | | | 17,364 | | |

출처 : 나래이동통신 회계보고서 (1999.12.)

〈표 2〉2000년 2월 나래이동통신 안랩 주식 1만 1천5백 주 장외매입

| 법인명 또는 종목명 | 기초잔액 | | | 증감내역 | | 기말잔액 | | | 적요 | |
| --- | --- | --- | --- | --- | --- | --- | --- | --- | --- | --- |
| | 수량 | 지분율(%) | 취득원가 | 수량 | 취득원가 | 수량 | 지분율 | 취득원가 | 취득(지분)일자 | 원인 |
| 헤이아니타 코리아(주) | - | - | - | | - | 156,800 | 10 | 784,000 | 03월 23일 | 취득 |
| (중간 생략) | | | | | | | | | | |
| ㈜안철수바이러스연구소 | 14,615 | 3.85 | 187,500 | 11,500 | 2,300,000 | 261,150 | 4.96 | 2,487,500 | 02월 09일 | 취득 액분 |
| (중간 생략) | | | | | | | | | | |
| Nice Telecom | 3,000 | 10 | 69,835 | | | 3,000 | 12.07 | 81,515 | | 액분 |
| 합계 | | | 15,613,191 | | | | | 30,087,935 | | |

출처 : 나래이동통신 회계보고서(2000.3.)

안랩 측은 10월 7일 BW 발행 당시 매도거래 사실을 몰랐다고 하며 "판교사옥 이전 등으로 자료가 없어져 관련 서류를 찾고 있다. 기다려 달라."고 시간을 끌며 궁색하게 언론 등에 변명하고 있었다.

하지만 안랩 측의 이 말도 새빨간 거짓말이다. 안랩 〈등기사항 전부증명서〉의 '주식의 양도제한 규정'에 "당 회사의 주식은 이사회의 승인 없이 양도할 수없다"고 못 박고 있기 때문이다. 그리고 이 규정은 1999년 10월 7일에야 폐지되었다.

## 당시 안랩의 장외거래가는 얼마였는가

〈표 2〉를 보면 (주)나래이동통신은 액면분할을 실행한 2000년

2월 9일 당일에 11,500주를 1주당 20만 원에 23억을 주고 사들였다. (주)나래이동통신은 기존에 보유하고 있던 14,615주에 보태어 총 26,115주를 보유하게 되었고 곧바로 액면 분할을 통해 열 배가 늘어난 261,150주를 보유하게 된다. 이로써 '나래이동통신' 지분은 3.85%에서 4.96%로 증가했다.

여기서 '나래'와 '안랩' 양측 모두에 이사로 있던 'L'이라는 인물을 보자. 이 사람은 2001년 9월에 개인투자자 자격으로 나래사 보유 안랩 주식 이외에도 안랩 주식 1.81%인 130,150주를 보유하고 있는 것으로 확인됐다. 그는 안철수연구소 이사였고 안철수연구소의 모든 상황을 알만한 특수관계인의 위치에서 실제로 BW 발행, 액면분할을 둘러싸고 긴밀하게 매도 매입을 하였다. L 씨는 안철수와 같은 'V소사이어티' 멤버이기도 하다. 그는 안철수와 각별한 사이이며 안랩 투자로 100억 원가량을 벌었다.

BW 발행 4개월 후, 주당 20만 원을 주고 23억 원어치나 (총 주식의 1% 이상) 구매한 것이 안랩 장외거래 주식시세가 아니라면 대체 어떤 게 시세인가?

여기서 고려해야 하는 것은 BW 발행 20일 뒤인 99년 10월 27일 안랩은 13만 주에서 38만 주로 25만 주를 무상증자 했다는 사실이다. 무상증자를 했다면 주식의 가치가 무상증자 비율만큼 떨어졌다는 말인데 오히려 BW 발행가인 5만 원보다 비싼 20

만 원에 거래가 되었다는 것은 무엇을 의미하는가. 2000년 2월 9일의 나래 매입가 20만 원을 무상증자 이전 가격으로 환산하려면 다음 등식을 풀면 된다.

50,000원 : 17,105원 = X : 200,000원, 즉 X = 584,620원

2.92308(38만 주/13만 주)×20만 원 = 584,620원

따라서 무상증자가 없었다면 BW 발행 4개월 후 안랩 주식의 시세는 58만 원이 넘었을 것이다.

BW 발행 10개월 전의 5만 원과 무상증자를 거친 4개월 후의 20만 원 중 어느 것이 더 진실에 가까운가? 통상적으로 '증여 및 상속에 관한 법(증상법)'에 따르면 안랩처럼 장외거래가 거의 없었던 주식의 경우, BW 발행 전후 3개월간의 거래가 있다면 그것을 시세 기준으로 본다.

〈표 1〉에 따르면 (주)나래는 이전에 10,000주를 3억 7천5백만 원에 취득해 보유하고 있다가 그 중 5,000주를 매각했고 남은 5,000주를 계속 보유하였다. 문제는 판 시점이 99년 9월로 안랩 BW 발행일인 10월 7일 직전이라는 것이다. 어쨌든 당시 (주)나래의 매도가격은 나래 측이나 안랩 또는 국세청 자료에서만 확인할 수 있는 것이다. 결론적으로 99년 9월 당시 나래의 5천 주 매도 가격이 안랩 BW 발행가의 적절한 기준가격이다. 그리고

이 가격은 앞에서 설명한 것을 종합해볼 때 20~60만 원 사이일 가능성이 크다.

안랩이BW 발행 기준 가격으로 양심적인 척 언급한 5만 원은 98년 12월의 LG 투자조합매입가격 5만 원을 기준으로 하여 마지못해 정한 가격으로 보인다.(이는 BW 당시 시세보다 훨씬 낮은 가격이다.) 이것을 양심적 발행가 책정이라며 삼일회계법인의 평가액 31,976원을 거론하는 것은 설득력이 없다.

참고로 당시 안랩의 주가를 평가해줬던 삼일회계법인의 부대표 고성천 씨는 현재 '안철수재단'의 이사다.

## 안랩 측의 해명에 대한 반론

최근 안랩 측은 〈진실의 친구들〉이라는 페이스북에서 여기에 대해 해명하는 글을 올렸다. 안철수 측의 해명은 이미 내가 다 반박했던 것이지만 다시 핵심적인 부분만 간략하게 정리하겠다. 이후 안철수 측이 또 어떻게 말을 바꿀지 기록해두기 위해서다.

첫째, 안철수 측이 BW 발행 당시 행사한 5만 원은 삼일회계법인의 평가금액 30,170원보다 높은 금액이기 때문에 문제없다고 해명했다.

안철수 측의 해명은 거짓말이다. 먼저, 안랩 주식의 실거래가가 있었다면 회계법인의 평가금액은 BW 발행 기준가로는 아무 의미 없다. 게다가 당시 안랩의 BW 발행가 5만 원은 엄밀히 말해 97년 4월의 삼성 5만 원, 98년 12월의 LG 5만 원보다 높은 가격이 아니다. 또 안철수 측은 지난 2월 6명의 주주밖에 없어 당시 장외거래가 일절 없었다고 한 거짓말에 대해서도 해명해야 한다.

둘째, 안철수 측은 안철수의 가족이 BW 발행 당시 이사, 감사로 참여한 점에 대해 상장 전에 그만뒀기 때문에 문제가 없다고 했다.

2001년 3월에는 이미 안철수 주식이 286만여 주로 늘어난 상태라 상장(2001년 9월)시 평가이익을 취할 준비가 사실상 모두 끝난 시점이다. 상장 전 주식을 수백만 주로 대폭 늘리는 과정이 중요했지 상장은 이미 정해진 요식행위에 불과하다. 이들 가족이 안랩의 이사, 감사로 재임했던 98년~2000년 기간은 외부투자유치, 외부이사 선임, BW 발행, 무상증자, 액면분할, BW 행사 등 현재 BW 의혹과 관련된 모든 일들이 일어난 시점이다.

셋째, 안철수 측은 BW 발행 시 다른 주주들이 반대하지 않았고 오히려 신속한 상장을 위해 BW 발행을 권유했다고 해명했다.

그러나 당시 안랩의 6대 주주는 BW 발행을 통한 무상증자, 액면분할로 주식 수가 각기 29.23배 늘어나 수십 수백억 원씩 벌었다. 앞서 언급한 L씨, 삼성SDS는 각기 90억 원 이상, 200억 원 이상의 시세 차익을 벌었다고 보도되기도 했다. 이는 사실상 6명의 주주가 짜고 배임, 횡령을 저지르며 상장으로 인한 이익 추구에 공모한 것으로 보인다.

또 안철수 측은 '기타'로 분류된 9% 상당 소액주주의 존재를 감추고 있다. 이는 배임 횡령 의혹과 장외거래의 존재를 감추기 위함으로 보인다. 기타 주주의 존재와 이들의 주식매매 및 그 장외거래 시세 등은 BW 의혹을 규명해 줄 중요하고 핵심적인 사안이다.

## 안랩 BW 발행 관련 법적 도덕적 문제

첫째, 안랩 측은 2012년 2월 14일 보도자료에서 "주주총수가 법인 포함 6명이다. 그래서 장외거래가가 없었다."고 언급했다.

일단 위 말은 거짓말이다. 99년 BW 발행을 결정할 당시 이사들은 등기부상 6명이 아니라 5명이었다. 그리고 안랩이 공개한 〈이사회 의사록〉을 보면 당시 등기부상 이사도 아닌 K모 씨가 이사회에 참석했다는 것이 증명되기도 한다. 그래서 당시 이사회의 결정으로 개최된 안랩 주주총회는 원천적으로 효력이 없는 것이었고 주주총회에서 결정한 BW 발행결정은 원천무효다.

그리고 K씨는 산업은행에서 나왔던 파견이사로 2002년 당시 벤처기업으로부터 뇌물을 받은 죄로 실형을 선고받았던 사람으로 보인다. 언론 보도에 따르면 안철수도 K 씨의 차명계좌 혐의에 연루되어 검찰의 조사를 받은 적이 있다.

둘째, 안랩 측이 "12년이나 지난 지금, 자료입수가 어렵고 시세 기준이 되는 BW 발행 전후의 장외거래가 없었다"고 주장했던 것은 거짓말이다. 실제 장외거래는 있었고 '(실제 장외 거래가 − 5만 원) × BW 발행 주식 수'만큼이 배임 횡령 액수가 되는 것이다.

셋째, 경제 민주화와 조세 정의가 논의되는 현시점에서 가장 유력한 대권후보가 이러한 주가, 세금, 배임 횡령, 코스닥상장 등에 있어 포괄적으로 의혹이 있다면 이는 시대적 과제인 경제 정의 확립에서 완전히 벗어나는 것이다. 그리고 주요 재벌사와 국영은행이 안랩 대주주이면서 이 BW 발행에 암묵적 공조를 했거나 감독을 소홀히 했다면 이 또한 경제 민주화에 역행하는 처신임이 틀림없다. 미국에서는 거액의 조세 포탈과 배임 횡령은 최소 수십 년에서 무기징역까지의 중형을 받는다. 재벌과 벤처가 결탁한 주가조작 의혹, 그리고 여기에서 자유롭지 않은 대선 후보 등 관련된 모든 의혹을 청산하는 것이 진정한 경제 민주화의 시작이다.

# Delusion

5부

이명박과 안철수

"지식인이라면 손해를 감수하더라도 비판해야 한다. 대안 없는 비판을 하지 말라는 얘기는 비열한 논리다. 시민은 자유롭게 비판하고 시민이 월급을 주는 공무원과 정치권이 대안을 마련하면 되는 것이다."

- 2011.9.2. 이데일리, 안철수

"하지만 그동안에도 정책에 대한 비판은 소신껏 해왔습니다. 이명박 대통령 집권 후 4대강, 친재벌 등 정부여당의 정책에 문제가 많지 않았습니까? 저도 4대강 사업에 대해서는 언론 인터뷰 등을 통해서 비판적인 목소리를 냈고요. 청와대 미래기획위원으로 일하면서 친재벌 정책과 관련했어도 쓴소리를 많이 했어요."

- 2012.7. 안철수의 생각, 안철수

# 안철수와 이명박은
# 정치적 이해관계가 일치한다

## MB, "올 것이 왔다"?

작년 서울시장 선거 무렵 안철수는 많은 말을 했다. "진보 보수 아닌 상식과 비상식", "이상한 사람이 서울시를 또 망치면 분통 터질 것", "기성 정치권에 대한 국민의 불신이 나를 통해 표출", "여·야 양쪽이 지각변동 일어나 흔들린다.", "허약한 사람들에게 나라를 맡긴 황당함", "역사의 물결을 거스르는 세력", "한나라당 응징", "민주당도 혜택받을 자격 없다", "민주당도 '역사의 물결' 대표 아니다", "건전한 보수는 생각해 보겠다" 등이 당시 그가 했던 말들이다. 당시 안철수의 발언에서 3가지 정도의 맥락을 짚을 수 있다.

첫째, 발언 내용과 톤이 이전보다 강하고 자신을 본격적으로 내세우기 시작했다는 것이다. 즉 안철수가 정치에 뛰어들었다는 의미로 해석할 수 있는 내용이 많다. 둘째, 한나라당과 민주당을 동시에 비판함으로써 자신을 새로운 정치인, 즉 제3세력으로 보이게 했다는 것이다. 셋째, 뜻밖에 한나라당을 강도 높게 비판했다는 것이다.

물론 당시 사람들이 안철수의 발언에서 가장 주목했던 부분은 안철수가 한나라당을 강도 높게 비판했던 부분이었다. 이후 야권 성향 지지자들은 안철수에 대해 폭발적인 지지를 보냈고 이때부터 여권 지지 성향의 일부 지지자들은 안철수를 비판적으로 보기 시작했다. 그런데 이명박이 이런 안철수를 칭찬했다. 서울시장 선거가 끝나고 2011년 KBS 추석 특집 대담에 나온 MB는 안철수 열풍에 대해 다음과 같이 말했다.

정치권에 올 것이 왔다. 정치권이 발전적으로 변화하는 계기로 삼아야 한다. 국민들은 많은 변화를 요구하는 것이고 특히 정치권에 대한 변화를 요구하는 것이 아니겠느냐, 그 변화욕구가 아마 안 교수를 통해 나온 것이 아니겠느냐고 생각한다. 이것을 여러 시각에서 부정적으로 보는 것도 있지만, 저는 오히려 이것을 정치권이 발전적으로 변화하는 계기로…….

일단 MB가 안철수 현상을 마치 남의 일 말하듯 언급했던 것에 대해 비판할 수 있다. MB 자신이야말로 아날로그 정치의 근원이자 주요 책임자 중의 한 사람이기 때문이다. 그런데 정작 MB의 발언에서 의아했던 점은 얼마 전 한나라당을 비교적 강도 높게 비판했던 안철수에 대해 좋게 말하고 있다는 것이다. 아니 덕담 수준이 아니라 '올 것이 왔다'며 마치 안철수를 시대정신의 구현자로 묘사하며 띄워 줬다.

MB는 또 "표를 얻기 위한 복지 포퓰리즘은 반대한다."고 했는데 이것은 서울시장 선거 당시 이슈였던 '무상급식'에 대한 자신의 입장을 피력한 것으로 볼 수 있다. MB는 복지에 대해 줄곧 부정적이었기 때문에 별달리 이상할 것도 없는 발언이었다.

그런데 MB가 '안철수'와 '무상급식'에 대한 상반된 태도를 보였기 때문에 보통 사람들은 헷갈리기 쉽다. 무상급식에 대해서는 직접적으로 반대 입장을 표명할 정도로 강경한데, 한나라당을 비판했던 안철수에 대해서는 오히려 옹호하는 듯한 발언을 한 MB가 이해가 가지 않을 수 있다. 하지만 필자가 주장하고자 하는 것은 MB의 태도는 전혀 이상할 것이 없다는 것이다.

우선 당시 안철수는 한나라당을 비판하긴 했지만 민주당도 같이 폄하했다. 그리고 결정적으로 안철수는 MB를 직접적으로나 구체적으로 비판한 적은 없다. 또 안철수는 당시 첨예한 이슈였던 무상급식, 복지에 대해 언급한 적도 없었다. 이 세 가지를 고려하면 MB의 태도를 쉽게 이해할 수 있으며, 조금 더 생각해보면 안철수의 발언이 꽤 치밀한 것이었음을 알 수 있다. 그리고 결국 안철수가 MB의 의도에 정확하게 부합하고 있음도 깨달을 수 있다. 그 이유는 아래와 같다.

첫째, 비록 문제는 있었지만 당시 여야는 '보편적 복지'라는 큰 틀에서 정책적으로 합의하는 흐름이 있었다. 단지 정도나 속도 차이에서 이견을 보이는 정도였고 무상급식으로 대표되는 '복지'가 필요하다는 데에는 공감하는 분위기였다. 그런데 이때 안철수가 나타나 여와 야를 모두 폄하하며 여야의 복지논쟁을 무의미하게 만들었다. 당시 여야의 복지 이슈에 대한 공감은 헌정 이래 처음으로 보수와 진보가 큰 틀에서 정책적으로 합의했던 꽤 의미 있는 사건이었다. 하지만 MB로 대표되는 '복지망국론' 주장자들은 당시 무상급식 이슈에 저항하면서 결집했고 승부가 굳어질 때쯤 안철수는 그 논의의 초점을 흐렸다. 안철수는 MB를 비롯한 강경 보수 세력의 의도에 정확하게 부합했던 것이다.

둘째, 안철수의 등장 자체가 야권을 무력화시키는 것이었다. MB의 시각에서 보면 안철수는 그야말로 기다리던 존재다.(물론 MB는 안철수를 무작정 기다린 것이 아니라는 것은 차차 밝힐 것이다.) 당시 안철수는 한나라당을 비판하면서 야권 성향의 지지도를 끌어모았다. 결국 안철수는 기존 야권 세력에게 결정적으로 타격을 가한 것이었다.

셋째, 안철수가 당시 한나라당을 비판하긴 했지만 막연하고 수사적인 표현이었을 뿐이고 또 MB 입장에서 보면 전혀 나쁠 것이 없다. 아니 박근혜와 각을 세우고 있는 새누리당 내 친이 세력들의 입장에서 봤을 때 안철수는 MB 세력에게 바람직한 말을 한 것이다.

이와 관련해 당시 중앙일보 칼럼에 의미 있는 내용이 있다. 그 칼럼은 안철수에게 대선 출마를 부추기는 사람들의 주장을 드러낸 것이라고 할 수 있다. 그 내용을 간단하게 요약하면 이렇다. "현 정권에 대한 반감 때문에 이번 대선은 야권이 집권하게 되어있다. 야권이 집권하면 복지 수요가 폭발하게 된다. 그러면 나라가 거덜 난다. 나라가 망하지 않으려면 복지요구에 제동을 걸어야 한다. 그 문제를 슬기롭게 해결할 수 있는 사람은 야권의 지지 및 국민 전체의 신뢰를 받는 인물이어야 하고 그 적임자가 안철수다."라는 것이다. 즉 현 야당이 집권해서는 복지망국론이 현실이 될 수 있으니 그 불은 안철수라는 뉴페이스가 정치권을 물갈이해서 꺼야 한다는 내용이다.

중앙일보 칼럼의 내용과 MB의 "올 것이 왔다. 아날로그 정치권에 대한 스마트한 국민의 불신을 사고 무조건 표를 얻기 위한 복지망국론은 안 된다."는 말은 서로 일맥상통하는 것이라고 할 수 있다. MB와 친이 세력은 차기 구도에서 필승 카드가 없다. 그들이 오직 할 수 있는 일은 기존 정치구도를 흔들어 무너

뜨리는 것밖에 없다. 그래서 MB는 안철수를 두고 "올 것이 왔다."고 했던 것이다. MB는 오직 자신의 입장 때문에 야당이나 박근혜의 집권을 꼭 막아야 하는 처지다. 그것이 MB가 판을 엎어야 하는 유일한 이유다. 그러기 위해 MB는 이길 카드도 없으면서 10.26 시장 보선을 끌어냈다. 그는 평소 소신대로 '재벌 자식과 가난한 집 자식을 똑같이 대우할 수 있는 국가는 없다'는 기치를 내걸고 무료급식 반대전선에 오세훈을 밀어 넣어 보수 강경세력을 결집시켰다.

당시 서울시장 보선은 굳이 안철수가 나오지 않았더라도 야권의 승리가 유력했다. 그런데 안철수가 나와 판을 뒤집으면서 야권의 전략을 의미 없게 만들었고 그나마 여권에서 줄곧 복지를 주장해왔던 박근혜의 4년 독주도 위협했다. 언론이 앞장서서 바람을 잡았고 국민들은 원형경기장에서 줄곧 이겨오던 검투사를 날려버린 '신인 검투사'를 만난 듯 안철수에게 열광했다.

## 친MB 인사들의 안철수에 대한 구애와 책임정치

2011년 가을부터 정두언, 원희룡, 김문수, 정몽준, 박세일 등 '친MB 인사'들의 안철수에 대한 구애가 계속되었다. 그 내용은 "안철수가 대통령 자격이 있다.", "안이 당을 만들면 한나라당 의원 다수가 그쪽으로 갈 수 있다", "안철수는 우리가 만들 신당에 대통령 후보로 와야 한다.", "안을 한나라당에 영입해 박근혜와 경선을 붙여야 한다." 등이다. 전체적으로 "안철수와 친MB는 같이 잘해 볼 수 있다"는 내용으로 요약할 수 있다.

나는 여러 글에서 MB와 그의 특보, 측근들이 무료급식, 시장보선, FTA 비준 등을 통해 의도적인 정계개편 공작을 추진하고 있다고 했다. 그리고 그들은 안철수와 법륜 주변 세력을 이용해 기성정치권을 올~킬 하고 정치판을 새로 짜서 살아남으려 하고 있다고 진단했다.

친MB 인사들의 안철수에 대한 행각을 보면서 '책임정치'라는 말이 생각났다. 대의민주정치의 핵심원칙은 책임정치다. 책임정치란 선거에서 표로 심판받고 이기면 약속된 기간만큼 책임을 지고 국가를 통치하거나 의회를 지배하는 것을 의미한다.

MB는 지난 5년 동안 집권세력이 되어서 이 나라 살림을 맡아왔다. 그 결과 지금 4대강, 자원 에너지 외교 및 원전 의혹, 내곡동 파문, 부패와 측근비리 의혹, 편중인사와 기득권 지향정책, 경제실정과 양극화 등으로 국민의 고통과 원성이 하늘을 찌르고 있다. 게다가 그의 통치 스타일은 오만과 독선, 불통, 편가르기, 일방통행식으로 일관했고 국가의 도덕과 가치관 및 균형과 조화를 파괴했다. 그뿐만 아니라 의회정치를 무시하고 여당뿐 아니라 야당 또한 무력화시켜 기성정치 전체에 대한 불신을 초래했다.

그 결과 나타난 것이 안철수 현상이다. 즉 MB의 실정이 국민들로 하여금 막연하게 새 정치에 대한 기대를 하게 만들었다. 그런데 MB의 실정에 책임을 져야 할 주요 인사들이 이제 와서 너도나도 앞장서 안철수 찬가와 러브콜을 외치고 '안철수 신드롬' 뒤에 숨어 마치 자신들은 깨끗하고 아무 책임도 없는 듯 안철수를 통해 새 정치를 말하고 있다. 이들은 안철수를 입에 올리기 전에 자신들부터 책임을 지겠다고 하는 것이 책임정치의 원칙이고 순서다.

박세일이 MB와 가까웠다는 것은 이제 비밀도 아니다. 그런데 작년 서울시장 보선 당시 박세일이 신당을 창당한다며 안철수 영입을 운운했다. 이 정권의 핵심 실세들은 곳곳에서 주요 인사들을 만나 판을 다시 짜야 한다고 말하고 다녔다. 당시 MB 특보가 정치판 재편을 위해 안철수 측근을 만났다는 언론보도도 그런 정황을 뒷받침하고 있다.

책임정치라는 말 속에는 '정치적 색깔'에 대한 책임도 포함되어 있다. 국민들에게 표를 요구하기 전에 자신의 노선과 정책, 이념과 소속을 분명히 하는 것이 책임정치의 기본이다. 정치인들이 카멜레온이나 트랜스포머의 변신로봇처럼 자기 색깔과 정체를 감추고 하루는 강경보수, 다음 날은 중도라고 하는 행태를 보일때 국민들은 이를 용납하면 안 된다. 이들은 하루아침에 중도로 변장한 뒤 "진보와 보수, 즉 이념이 중요한 시대는 끝났다."며 "진보, 보수를 모두 아우르는 정당 창당이 필요하다."고 대국민 사기극을 벌이고 있다.

보편적으로 정치에선 이념적 색깔을 앞세워 정당 정치를 하는 것이 상식이다. 이념이 없다거나 보수·중도·진보를 다 포함한다는 포퓰리즘 식 이념 사기는 원칙 없고 예측 불가능한 정치를 낳게 마련이고 결국 대형사고로 귀결된다. 나치나 파시스트 또한 이념은 좌우로 섞이고 포퓰리즘적인 선동을 앞세웠기 때문에 불행한 결과를 낳은 것이다.

오늘날 친MB가 이런 사기극을 벌이는 데는 안철수 본인의 책임도 크다. 그는 "기성 정치권이 변해야 한다.", "우리나라에는 정치가 없다."는 등의 말로 여야 모든 정당과 정파를 도맷값으로 똑같이 취급했다. 또 "건전한 보수와는 같이 할 수 있다."고 함으로써 친MB 진영의 착각을 고무시켰다. 나아가 그의 멘토 법륜 등은 "중도에서 보수와 진보를 다 아우르는 정당을 만들어야 하고 이념이 중요하지 않다."고 말해 친MB들도 안철수 신당에 합류할 수 있다는 생각을 열어줬다. 그리고 안철수의 측근들은 박원순, 문재인 등 야권 인사는 물론 여권의 박세일, MB 측근들, 심지어 지난 총선 이후에는 친박 인사들까지 두루 만났다.

안철수의 "안보는 보수, 경제는 진보"라는 모호한 말이 MB 측의 정치적 행보에 주요한 명분과 응원이 되고 있다. MB에 대한 국민적 분노와 안철수에 대한 국민적 찬사가 동시에 일어나

고 있는 요즘, 그 사이에서 안철수를 팔아 정치생명을 연장하고
지난 5년간의 실정에 대한 책임을 회피하려는 세력들이 움직이
고 있다. 책임정치가 무엇인지에 대한 국민들의 상식적인 성찰
이 필요한 시점이다.

"내 일만 열심히 하고 자기 분야의 지식만 열심히 쌓는 사람이 전문가는
아니다. 자기 분야의 상식과 문제점에 대해서 대중에게 알기 쉽게 전달하는
것이 전문가의 역할이다."

- 2010.6.18. KBS 특강, 안철수


"정부를 책임지는 사람들은 열심히 했다는 것만으로 면죄부를 받을 수는
없습니다. 그런 측면에서 보면 지난 10년 동안의 진보정권은 성과도 있었지
만 아쉬움이 큰 게 사실입니다."

- 2012.7. 안철수의 생각, 안철수

# 안철수와 이명박의 연결고리

## 서울대 평의원회에서 함께 활동(2003)

정운찬이 서울대 총장이던 시절, 서울대 기본정책 심의의결 기구인 평의원회에 이명박과 안철수는 학외 인사로 함께 참여했다. 당시 안철수는 안랩 대표이사, 이명박은 서울시장이었다. 이때 정운찬 총장이 당시 위원이던 이명박과 안철수를 서로 소개해줬다는 전언도 있다. 참고로 당시 제8기 평의원회 인사는 변양균 전 기획예산처 장관, 윤종용 삼성전자 부회장, 김희철 괸익구정상, 박용성 대한상공회의소 회장 등 외부 인사 13명과 서울대 교수 52명이었다.

또 2006년 이명박은 대선 준비 차 각계 인사들을 만나고 다녔는데 그중에 안철수도 포함되어 있었다. 당시 이명박은 안랩을 방문해서 '기업 애로사항'을 들었다고 한다.

## 정보통신부 폐지에 대한 안철수의 침묵

2008년 1월, 대통령직 인수위원회가 정보통신부 폐지안을 내놓자 IT 업계는 반대 의견으로 들끓었다. IT 관련 분야 종사자들의 강한 반대에도 불구하고 인수위는 이를 '조직적 로비'라며 무시하고 정통부 폐지를 밀어붙였다.

이에 한국정보통신산업협회를 비롯한 주요 IT 단체들, 전국IT산업노동조합연맹, 정보통신 공공기관 노동조합협의회 등은 한목소리로 'IT 전문부처제 유지'를 촉구했다. 그리고 인수위가 정보통신정책의 분산을 추진하자 윤동윤 '한국 IT 리더스포럼' 회장 등 정보통신부 전직 장·차관 출신 인사들이 중심이 돼 정통부 해체를 반대하는 탄원서를 국회와 인수위에 제출하면서 당시 인수위 부위원장이던 김형오 국회의장을 방문해 IT 정책의 통합을 요청했지만 소용없었다. 결국 정통부는 해체됐고 정통부의 기존 기능과 업무는 지식경제부, 행정안전부, 문화체육관광부, 방송통신위원회로 분산됐다.

안철수는 당시 정통부 폐지에 대해 어떤 입장이었을까? 정보통신 분야에서 한국의 대표적 전문가로 불려다니고, 공정한 사회지도인사라는 이미지를 갖고 있었던 안철수가 한마디 해줬다면 IT 업게 동료들에게도 큰 힘이 되지 않았을까? 그러나 당시 안철수는 정통부 폐지라는 큰 사안에 대해 어떤 의견도 내놓지 않았다. 그 대신 안철수는 엉뚱하게도 대기업 위주의 산업구조의 문제점을 지적하거나 '벤처업계'에 대한 전망을 내놓곤 했다.

다음은, 2008년 4월, 미국에서 MBA 과정에 있던 안철수가 귀국 직전 가졌던 인터뷰 기사다. 한국 IT 산업이 이러저러해야 한다는 일반적 의견을 피력하고 있는데 정작 당시 가장 예민한 이슈였던 정통부 부활에 대해선 말이 없었다.

질문| 한국 IT산업이 지속해서 발전하려면?

안철수| 중소·벤처기업 경영진의 역량을 끌어올리고 기업 지원 인프라를 보완해야 한다. 정부, 금융권, 대학, 벤처기업 등 IT산업 관련 주체들이 문제점에 대해 공감대를 갖고 힘을 모아야 한다. 중소·벤처기업은 외부 환경만을 탓할 게 아니라 스스로 해결하려는 자세를 갖고 문제를 찾아야 한다. 현실에 근거한 치밀한 전략과 마케팅 계획을 세우고 전문성 있는 인재를 육성하는 등 성공 확률을 높이기 위한 자구책을 마련하는 게 우선이다. (하략)

(2008.4.29. 한국경제)

안철수의 발언을 내 나름대로 정리해보면 "외부 환경만 탓할

게 아니고, IT 주체들이 잘해야 하고, 현실에 근거해서 자구책을……."이다. 즉 좀 심하게 말하면 "정통부 없앤 거 뭐라 그러지 말고 너나 잘하세요." 그런 내용이라고 할 수 있다. 안철수가 정통부 이야기를 하지 않은 것은 의도적이라고 볼 수 있다. 왜냐하면, 안철수는 에드먼드 버크의 "악이 승리하기 위해 필요한 것은 선한 자의 침묵"이라는 말을 인용한 적이 있을 정도로 똑똑한 사람이기 때문이다. 당시 MB 정부의 정통부 폐지 방침에 반기를 들 수 없었기 때문에 안철수는 입장을 밝히지 않았던 것으로 보인다.

## 정통부 폐지 반성 흐름에도 안철수는 여전히 딴소리

2009년 하반기에는 이른바 '아이폰 쇼크'가 왔다. 한국에서는 애플로 넘어간 모바일 시장의 주도권을 따라가기에 바빴다. 정부는 청와대 IT 특보를 신설했고(2009.8.), 국가정보화전략위원회 (2009.11.), 국가과학기술위원회(2011.3.) 등을 잇달아 만들며 뒤늦은 대응에 나섰다.

부랴부랴 국가정보화전략위원회를 만들기는 했지만, 정통부 부활 논란은 가라앉질 않았다. 관련 분야 종사자들은 당연히 이명박 정부에 그 책임을 물었다. 과학기술계 · 산업계 등 876명을 대상으로 한 설문조사 결과에 따르면, 74%의 응답자가 정부 정책에 낙제점을 주었으며, 특히 정보통신부와 과학기술부를 폐지한 일이 가장 잘못되었다는 의견이 나왔다.(2010.4.27. 한겨레 '과학기술계 74%, "과기부, 정통부 폐지는 잘못"') 당시 김형오 국회의장, 최시중 방통위장 등 정부, 정치권 인사들도 정통부 폐지는 실책이었다는 반성과 유감을 표했을 정도였다.

그런데 안철수는 여전히 딴소리를 한다. 2010년 11월 1일 〈경향신문〉 'IT 한국의 미래 안철수 교수에게 묻다' 인터뷰 기사 중 일부다.

질문| 그 원인이 정보통신부가 없어진 때문인가요? 지난번에 교수님이 정통부 부활을 주장하는 것으로 보도되었습니다만.

안철수| 꼭 정통부 부활이라기보다 컨트롤 센터가 있어야 한다는 뜻이었습니다. 지금도 같은 생각이고요. 컨트롤 타워가 없으면 관심도, 책임도 없어집니다.

정통부 부활이냐 아니냐 이런 구체적 방안이 논란거리인데 안철수는 아직도 '컨트롤 타워' 이야기다. 안철수가 '잃어버린 IT 3년' 운운하며 한국 IT 경쟁력을 걱정하는 듯한 소리를 내기 시작한 것은 2011년 3월 즈음부터다. 안철수가 잃어버렸다고 안타까워했던 그 3년간 국내 IT 관련 종사자들은 물론 정치권과 시민사회단체들은 MB 정부에 항의하며 싸웠다. 그런데 안철수는 그땐 조용히 있었으면서 뒤늦게 나와 다른 이야기를 한 것이다.

## 안철수의 '삼성 동물원'론의 허상

2011년 8월 중순 구글이 모토로라를 인수하자 안철수는 "한국 대기업이 소프트웨어는 없고 하드웨어만 있어서 글로벌 기업의 하도급 업체로 전락할 것이며, 이대로 가면 삼성도 망한다."는 쓴소리를 한 적이 있다. 안철수의 이 말은 전에 안철수가 책과 인터뷰, 강연 등을 통해 "우리나라 중소업체들이 대기업의 예속적인 하도급 구조에 편입될 것을 강요받는다. '동물원'에 들어간 중소기업은 대기업이 죽지 않을 만큼 던져주는 먹이로 연명한다."고 한 '삼성 동물원, LG 동물원'론의 연장선에 있는 발언이다. 대기업의 횡포를 강하게 비판했던 이 발언은 안철수가 경제 분야에서 '진보적'이라는 평을 듣게 한 것이었다. 당시 대부분 언론은 안철수가 '대기업을 동물원으로 비유할 정도로 냉철한 사고를 지닌 인사'라는 식으로 보도했다. 안철수는 청춘 콘서트에서도 똑같은 이야기를 했다.

박경철| 세계 곳곳에서 다양성의 시대가 열리고 있는데, 우리는

창의성 부재로 총체적 위기에 빠지게 되었다. 안 선생님은 "삼성 동물원, LG 동물원에 갇혀있게 되었다"고 표현했다. 동물원이라고 표현한 이유는?

안철수| 구글의 예를 들어보겠다. 구글은 다양한 생태계를 많이 만드는 반면 한국의 대기업들은 동물원을 만든다. 독점계약을 해서 중소기업들이 인력파견 업체 정도로 전락하게 하고 있다. 이렇게 국내에서 얻는 수익에만 안주하다가 아이폰이 등장하자 철퇴를 맞게 된 것이다. 5년 뒤 한국의 대기업은 글로벌 하청 업자가 될지도 모른다.

안철수가 예전부터 해왔던 말, IT가 발전하려면 대기업이 중소기업에 동물원이 아니라 생태계를 만들어줘야 한다는 내용이다. 이명박 정부가 한국 IT를 발전시켰다고 하는 사람은 아무도 없다. IT 주무부처 중 하나인 방통위 위원장 최시중도, 정통부를 폐지한 당사자였던 김형오도 MB 정부의 실책을 인정한 마당에 벤처 생태계를 만들어야 한다는 정도의 발언이 MB 정부의 IT 정책을 비판한 것이라고 할 수 있을까.

IT 정책에서 정통부 폐지가 결정적인 실책임이 분명해졌는데도 안철수는 딴 얘기를 계속했고, 오히려 정치인들이 정통부 폐지에 대해 한목소리로 비판했다. 박근혜도 정통부 부활을 시사

하는 듯한 발언을 했고, 홍준표도 "과기부와 정통부 통폐합은
실책"이라고 한마디 거들었다.(2011.11.20. 연합뉴스 '내년 대선 앞
두고 정통부·과기부 부활론 솔솔')

그런데 위 〈연합뉴스〉 기사는 논조를 엉뚱한 방향으로 몰고
갔다. "과기부 부활론, 이공계 출신 대선주자 부상으로 탄력받
을 듯"이라며 안철수도 정통부 부활을 주장했다고 언급했다.
결과적으로 정통부 폐지에 아무런 문제의식이 없었던 안철수를
오히려 띄워 주고 있는 것이다. 정통부 부활 의견이 많아지면서
엉뚱하게도 안철수가 그 공을 차지하게 되었다. 안철수가 그간
IT 정책에 대해 했던 말은 아래 두 가지가 거의 전부라고 해도
과언이 아니다.

"IT 컨트롤 타워가 필요하다."

"벤처 생태계를 만들어야 한다."

그런데 언론은 안철수의 이 하나마나 한 말을 반복 재생산하
며 마치 안철수가 한국 IT 정책에 대해 무슨 대단한 의견이나
낸 듯 보도했다.


## 대통령소속 국가정보화전략위원회 위원(2009.11.~2011.11.)

정보통신부 없애고, IT 국가경쟁력 다 떨어뜨려 놓고, MB 정
부가 부랴부랴 만든 국가정보화전략위원회에 안철수가 들어갔

다. 국가정보화전략위원회는 존재감도 희미한 유명무실한 위원회였다는 비판이 많았다. 안철수는 그간 '컨트롤 타워' 타령하더니 국가정보화전략위원회 들어가서도 그 타령을 계속했는지 궁금하다. 아니 자신의 컨트롤 타워 소신을 자신의 부처에 적용하려고 노력하는 척이라도 했는지 의문이다.

대통령 소속 국가정보화전략위원회는 원래 총리실 산하에 있었던 것을 대통령 직속 위원회로 격상시킨 조직이었다. 민간 15명, 정부 15명 내외로 구성된 국가정보화전략위원회는 '민·관이 하나가 되어 국가 정보화를 추진하기 위한 정보화 정책의 최고 총괄·조정기구'로 '국가 정보화 비전을 제시하고 이를 달성하기 위한 계획의 수립·추진·점검을 수행'하는 기관이라고 한다. 그런데 정통부 폐지를 보완하기 위해 만든 기구라고도 할 수 있을 국가정보화전략위원회에서 안철수가 구체적으로 무엇을 했는지는 아무리 찾아봐도 찾을 수가 없다.

이명박 정부 출범 2년째인 2009년은 안철수에게 여전히 승승장구의 해였다. 2009년 2월에 있었던 포스코 사외이사 교체 외풍에도 흔들리지 않았고 2009년 6월에는 〈무릎팍도사〉에 출연하여 자신의 신화를 완성했다. 방송 이후로 안랩의 'V3 365 클리닉' 제품은 판매량이 40%나 증가했고 안철수가 쓴 책들도 판매량이 급증했다고 한다. 2009년 7월에는 안철수를 다룬, 중학교 1학년 생활국어 교과서가 교육과학부의 검정을 마쳤다. 안철

수의 사진이 교과서에 실린 적은 있으나 안철수를 다룬 내용이
실린 것은 처음이었다. 이 교과서는 2010년 신학기부터 사용되
었으며, 지금까지 초등학교 1종, 중학교 6종, 고교 4종의 교과
서에 안철수를 다룬 내용이 실렸다.


## 방송통신위원회 기술자문위원 (2010.1.~)

방송통신위원회는 이명박 정부 출범과 동시에 출범한 대통령
직속기구다. 정보통신부를 해체하고 (구)방송위원회와 통신 등
의 기능을 합쳐 2008년 2월 29일 출범했으며 방송·통신, 주파
수 연구 및 관리와 관련한 각종 정책들을 수립하고 심의·의결
하는 기구다.

안철수는 2010년 1월부터 방송통신위원회의 기술자문위원으
로 활동했다. 방송통신 기술자문단은 21명으로 구성된 무보수
명예직이며 임기는 2년이다. 연 3차례 이상 정기회의와 수시회
의를 개최하여 방송통신 분야 기술정책에 대한 사전검토와 조
언을 받는다.

방통위의 초대 위원장은 최시중이었다. 그는 이명박 정부 출
범부터 2012년까지 위원장직을 역임하면서 방통위를 현 정권
최고의 권력기관에 가깝게 키웠다. 방통위가 한 대표적인 일은
종합편성 방송 채널 승인(2010.12.31.)이다. MB 임기 말 최시중

과 측근인 방통위 인사들의 비리가 속속 드러나고 있다.

안철수는 MBN 종합편성 방송채널 개국 때 축하 인사를 한 바 있다. 여기에 대해 비판이 일자 안철수의 변호사 강인철은 "매일경제신문사 주최 행사에 참석했다가 매일경제신문 쪽에서 카메라를 들이대어서 마지못해 한 '덕담' 차원이었다."고 변명했다. 그러면서도 "종편에 대해 찬성이나 반대 뜻을 밝힌 적이 없다."라고도 했다. 본인이 자문위원으로 있는 정부조직에서 추진한 대표적인 정책에 찬성이나 반대 뜻을 밝힌 적이 없다는 것이 자문위원으로서 할 말은 아닌 듯하다.

종편 방송은 이명박 정부의 온갖 편법과 특혜의 결과물로, 위헌·위법 논란까지 있었고 방송 민주화를 파괴했던 권력과 언론자본의 복합체였다. 안철수는 이런 중요한 방송정책에 대해 뚜렷한 의견을 제시하지 않았다.

## 지식경제부 R&D 전략기획단 비상근 단원

안철수는 지식경제부 R&D 전략기획단 비상근 단원이다. 안랩과 지경부는 이전에도 인연이 있었다. 2010년 안랩은 지경부의 지원사업 대상업체로 선정된 적이 있다. 지경부는 '원천기술지원개발사업'에서 안랩을 보안소프트웨어 부문에 선정하고 2010년 16억, 2011년 16억, 2012년 8억(예정) 등 총 38억의 정부

출연금을 지원했다. 혹시 그것 때문에 안철수는 순순히 지경부 산하 기구의 단원이 되었을까. 아니, 안철수는 이명박 정권과 관련된 기구에 들어가는 것에 전혀 부담감이 없었던 것 같으니 그냥 선의로 들어갔다고 인정할 수도 있겠다.

아무튼, 안철수가 이명박 정부의 산업정책 결정에 조언을 해 줬으니까 혹시 안철수는 이명박과 한통속이 아닐까라는 의문이 나올 수도 있다. 그래서 그런지 안철수는 자신도 이명박 정부를 신랄하게 비판했다는 등 하면서 뒤늦게 반이명박 자세를 취하고 있는데 정작 본인이 몸담고 있던 직책에서 어떤 정책을 반대했으며 어떤 노력을 했는지 별다른 말은 없다. 그럼 거기에 따르는 책임은 없는지 유권자들은 안철수에게 물어봐야 한다.

황창규 R&D 전략기획단 단장과 안철수는 엉뚱한 지점에서 연결되기도 했다. 황창규와 관련된 주식이 '안철수 테마주'로 분류되어 주가가 폭등했던 적이 있었던 것이다. 지방의 사료업체인 '케이씨피드'와 '우성사료'는 2011년 12월 한 달 만에 주가가 100~150% 급등했는데 알고 보니 케이씨피드 회장은 황창규의 장인이고 우성사료는 안철수의 멘토라고 알려졌던 신경민의 처가에서 하던 기업이었다. 특히 안철수와 황창규는 부산고와 서울대 선후배 관계다. '지방 '무명기업', 갑자기 뜬다 했더니 ……. 또 안철수?'라는 2011년 12월 12일 당시 〈머니투데이〉 기사의 제목은 많은 것을 시사하고 있다.

## 이명박 직속 미래기획위원회 위원(2008.5.~)

미래기획위원회는 대통령 직속 자문기구다. 26~29명의 민간 위원들을 위촉하여 '국가 미래전략'을 짠다고 한다. 미래기획위원회는 '이명박 정부의 싱크탱크', '21세기형 집현전'이라는 말을 들을 정도로 MB 정부의 핵심 정책기구로 알려져 있다.

안철수는 미래기획위원회 미래경제산업분과 위원이었고 MB가 '경제산업분야' 계획을 세울 때 자문하는 역할을 했다. MB는 정기적으로 민간위원들을 불러서 국가 미래에 대한 자문을 들었다고 하니 미래기획위원회 위원들만큼 MB의 신뢰를 받았던 민간인들은 드물었을 것 같다.

미래기획위원회 위원장 곽승준은 2001년 이명박 서울시장 선거캠프부터 대통령직인수위, 초대 국정기획수석, 미래기획위원회 위원장을 지냈고 MB 정부의 경제정책 기조와 방향을 세운 인물이다. 곽승준이라는 사람은 언론에서 '쿨 보수' 어쩌고 하면서 띄워 줬고 최근에도 방송 출연이 잦았다. 이 사람은 언론 등에서 주로 '부의 양극화 문제', '노블레스 오블리주', '대기업과 중소기업의 공생' 등 안철수와 비슷한 스타일의 좋은 말을 하고 다닌다. 곽승준은 2012년 1월 8일, 안철수가 빌 게이츠를 만나러 미국에 갔을 때 같은 비행기에 동승했는데 그것 때문에 'MB 최측근 곽승준'이 안철수의 미국행을 주선한 것 아니냐는 의혹이 있었다. 아무튼, 곽승준이 안철수를 미래기획위원회에 영입했고 두 사람은 절친한 사이로 알려져 있다.

다음은 2009년 5월 12일 〈이코노믹리뷰〉에 실린, 안철수가 이명박에게 어떤 조언을 했는지 언급하는 인터뷰 기사 중 일부다.

질문| 대통령 자문기구인 미래기획위원회 소속인 걸로 알고 있는데, 대한민국의 미래를 위해 어떤 청사진을 제시하고 있습니까.

안철수| 대통령께 '대한민국의 포트폴리오'를 바꿔야 한다고 말했습니다. 국가경쟁력 강화를 위해서 현 대기업 위주에서 중소·벤처기업 중심의 포트폴리오를 짜야 한다고 건의했죠. 대기업에만 의존하는 경제는 외부 충격에 강하지 못합니다. 대기업은 지금 잘해 나가고 있기 때문에 중소·벤처기업의 육성에 눈을 돌릴 때입니다. 건실한 중소·벤처기업은 대기업의 경쟁력도 가져다줍니다. 혁신적인 아이디어 90%가 중소·벤처기업에서 나옵니다. 벤처기업으로 시작해 글로벌 인터넷기업으로 성장한 '구글' 같은 기업도 여전히 다른 중소·벤처기업들과 상생관계를 유지하며 그들의 좋은 아이디어를 흡수해 지속적인 성장의 발판을 마련하고 있습니다.

필자는 안철수의 저런 조언이 과연 어떤 구체적인 효과가 있을까에 대해 부정적이지만, 일단 말은 맞는 말이니 긍정적으로 생각하는 사람들도 많이 있을 것이다. 또는 안철수가 수십 명의 '민간자문'위원 중 한 명이었을 뿐이니 큰 의미를 두지 않는 사람들도 있을 것 같다. 아무튼, MB가 안철수를 신뢰한다는 것은 분명한 것 같다. 안철수가 이명박과 어떤 뜻이 맞아서, 서로 어떤 필요로 계속 같이 일했던 것인지 잘 살펴볼 필요가 있다.

## MB의 생태계발전형 신성장동력 10대 프로젝트 안철수 위원장

2011년 10월 11일 〈조선일보〉는 특종이라며 MB의 임기 말 야심작인 '생태계 발전형 신성장동력 10대 프로젝트' 발표에 안철수가 주도적으로 참여했다고 보도했다. 안철수는 '중소기업 동반성장을 위한 생태계 발전 10대 신성장 프로젝트'를 준비하기 위해 구성한 비공개 위원회의 공동 위원장이었다는 것이다. 이 위원회는 정부 민간위원 10명 전문위원 30명으로 비밀리에 구성되었는데 '공생발전' 운운했던 MB의 2011년 8.15 경축사 발표 이전부터 10대 과제를 선정하는 준비를 해왔다고 한다.

정권 초기도 아니고 이미 누더기가 된 MB 정권이 마지막 카드로 내건 '공생발전'을 위해 만든 비밀 프로젝트에 위원장이 안철수다? 이런 행태도 안철수가 주장하는 '기성정치의 변화'

된 모습 중의 하나인가? MB 정권이 어떤 속성을 가진 정권인지 몰라서 MB의 레임덕, 권력비리 극복을 위한 쇼에 총괄 PD로 나섰다는 것인가? 하긴 안철수는 이전에도 주호영, 이재오 특임장관 자문위원 직을 맡았던 박경철에 대해 "진보인사도 다 하는 일이다."라며 옹호성 발언을 했던 적이 있다. 안철수는 자신이 맡은 이런 자리들도 진보 보수 관계없이 다 할 수 있는 일이라고 생각하는 것일까.

나도 옛날 DJ 정권 때 여러 위원회에 있어봤는데 아무나 다 하는 일이 아니다. 정권에 껄끄러운 문제가 될 만한 인사는 철저히 배제하고 혹 1~2명 구색 갖추기 차원에서 배타적인 인사도 넣어주기도 하지만 그런 사람은 곧 뛰쳐나가게 마련이다. 특히 임기 말에 정권이 비장의 카드를 준비했다는 비공개 위원회 위원장은 완전히 믿을 수 있는 인물을 쓰지 않을까? 그리고 정권의 핵심 위원회 등 여러 곳에 함께 적을 올릴 수 있는 사람은 100% '정권 쪽의 사람'이라고 보는 것이 상식 아닐까. 특히 이 정권은 그 어느 정권보다도 '낯가리기'와 '뒤끝'이 심한 정권 아니었던가?

## 안철수, '잠시만 기다려 달라'?

'신성장동력 10대 프로젝트 선정평가위'와 관련해서 아주 홍미로운 사실이 하나 있다. 난 이 사실 하나로 이명박과 안철수의 관계가 보통이 아니라고 확신했다.

선정평가위는 2011년 8월 30일 '10대 신성장 동력 산업'을 선정했고, 정부는 선정결과의 확정 발표만 남겨두고 있었다. 그런데 같은 해 9월 초에 안철수가 시장 출마 가능성을 밝혔고, 정부는 10월에 그 결과를 발표했다. 정부가 안철수의 서울시장 출마 포기를 기다려 준 뒤에 선정결과를 발표했던 것이다.

선정위원회와 청와대 관계자들이 발표한 바로는, 애초 '10대 신성장 동력 산업'은 지난 9월에 발표될 예정이었다. 그러나 안 교수가 9월 초 서울시장 출마 가능성을 내비치며 정치의 변수로 떠오르자 정부와 청와대는 곤혹스러운 상황이 됐다. 안 교수도 당시 "이 정도로 정치적 문제가 될 줄 몰랐다"며 "잠시만 기다리면 정리가 될 테니 기다려 달라"고 했었다고 위원회 관계자는 전했다.

(2011.10.11. 조선일보 '안철수, "잠시만 기다리면 정리될 테니 기다려 달라"')

위 기사가 사실이라면, 안철수가 정부와 청와대 측에 발표를 미뤄달라고 부탁했다는 것인데, 안철수와 청와대 측은 당시 안철수의 정치 행보에 대해 교감을 했었다는 말이 된다.

- 2011.4.14. 대통령 주재 '신성장동력 강화전략 보고대회'
- 2011.8.11.~2011.8.30. 선정평가위원회, 10개 프로젝트 선정
- 2011.9.1. 안철수 서울시장 출마설 나옴
- 2011.9.6. 안철수, 박원순 단일화 쇼
- 2011.10.10. 국회 본회의에서 김황식 총리가 시정연설을 통해 선정 관련 언급
- 2011.10.11. '10대 신성장 동력 산업선정'에 안철수가 주도적으로 참여했다는 기사 나옴
- 2011.10.19. '신성장동력지원협의회'에서 확정 발표

위는 안철수가 시장 출마설로 선거 정국을 흔들었으나 실제로는 애초부터 출마할 생각은 없었다는 정황 중의 하나가 아닐까. 안철수가 '신성장동력산업선정'에 주도적으로 참여했다는 기사가 나오고 나서 안랩은 이 프로젝트의 수혜주로 분류되었고 주가는 급상승했다.

"세계 최상위권의 철강회사인 포스코에서 40대로는 처음으로 이사회 의장을 맡아 대부분 60~70대인 다른 이사들과 함께 토론하고 합의를 이끌어내는 과정에서 값진 경험을 했습니다."

– 2012.7. 안철수의 생각, 안철수

"영국 철학자 에드먼드 버크는 "악이 승리하기 위해 필요한 것은 선한 자의 침묵"이라고 했습니다. 지식인의 침묵은 곧 동조이고 방관이며, 함께 사는 우리 사회를 어렵게 만드는 것입니다."

– 2011.9.4. 순천 '청춘콘서트'에서, 안철수

"리더십의 핵심은 원칙과 일관성이다. 나만 바보가 되는 것 같다고 해 한두 번 자신의 원칙에서 벗어난다면 그것은 진정한 원칙이 아니며 현명한 태도도 아니다."

– 2004.12.6. CEO 안철수, 지금 우리에게 필요한 것은, 안철수

# 포스코 사외이사 안철수

**안철수의 거짓말 "포스코 인사에 정치적 개입 없었다."**

2009년, 당시 포스코는 회장직 교체의 소용돌이에 휘말렸다. 참여정부 때 취임했던 이구택 회장이 임기를 1년 이상 남겨둔 상황에서 그만두게 되었고 박태준 라인의 정준양 포스코개발 사장이 회장으로 추대되면서 개미들로부터 "포스코가 박태준 거냐?", "이게 자본주의 국가 맞느냐?"는 등의 항의가 나왔다.

2009년 1월 29일 서울 대치동 포스코 본사에서는 차기 회장 후보 2명에 대한 최종면접이 진행됐다. 이른바 '포스코 CEO 추천위원회' 회의다. 이 회의는 박영준 당시 국무총리실 국무차장과 천신일 세중나모 회장 등 이명박 정부 실세들의 '포스코 회장 인사 개입' 논란을 낳았다. 그리고 회장 후보의 한 사람이었던 윤석만 당시 포스코 사장은 그날 MB 실세들의 인사개입을 폭로하고 이사회에 호소했다.

> 천신일 회장이 내게 전화를 해서 '이명박 대통령의 뜻'이라면서 나더러 (포스코 회장 후보를) 포기하라고 했습니다.
> 포스코가 국민의 사랑을 받는 민간기업으로 어렵게 자리를 잡아왔는데 이런 식으로 정치권에 의해 휘둘리면 안 되지 않겠습니까. 사외이사(CEO 추천위원) 여러분들의 올바른 선택을 바랍니다.

뜻밖의 '인사 개입' 폭로를 들은 CEO 추천위원들 사이에서는 "예상은 했지만 그 정도로까지……"라는 분노가 표출됐다. 윤 후보의 인사개입 폭로 때문에 이날 추천위원회는 포스코 회장 적임자를 놓고 격론을 벌였지만 결국, 정준양이 차기 포스코 회장으로 추대됐다. 당시 포스코 CEO 추천위원회는 안철수를 비롯해 서윤석 이화여대 경영대학장, 박영주 전경련 부회장, 제프리 존스 전 주한 미국상공회의소장, 박원순 희망제작소 상임이사, 손욱 농심 회장, 허성관 전 행정자치부 장관, 박상용 연세대 교수 등 8명이었다. 포스코 회장은 CEO 추천위의 자격심사를 거쳐 회장으로 추천을 받게 되면 이사회 승인과 주주총회 승인을 거쳐 회장으로 최종 취임한다.

안철수는 2005년 3월부터 2011년 2월까지 6년간 포스코 사외이사로 재임했다. 안철수는 당시 포스코 회장 선임 논란의 한 가운데에 있었다. 당시 안철수는 회장 추천위원회 위원의 한 사람으로서 과연 어떤 입장을 취했을까. 안철수는 어떻게 포스코 이사로 6년이나 있을 수 있었으며 이사회 의장까지 역임할 수 있었을까. 결론부터 말하면 안철수는 당시 공정한 CEO 심사를 하는 대신 MB 측의 인사개입 횡포에 협력했다. MB 측의 포스코 인사개입 의혹 논란을 안철수가 나서서 종식했기 때문이다.

2009년 2월 2일 〈연합뉴스〉 인터뷰에서 안철수는 "언론보도와는 달리 지금까지 4차례 이사회에 참석하면서 정치권의 개입에 관한 어떠한 조짐도 느끼지 못했다."며 정치권의 인사 개입 의혹을 부인했다. 안철수는 또 "지금까지 어느 누구도 어떤 특정 후보가 적합하다는 발언을 하거나 특정 후보에 대한 공감대를 형성한 적은 전혀 없었다는 점은 확실하게 말씀드릴 수 있다."며 정준양 차기 회장의 사전 내정설을 일축했고 "다른 글로벌 기업들과 비교해 포스코의 CEO가 갖추어야 할 조건이 다르다고 생각하지 않는다."며 CEO 후보 추천위원회에서 포스코의 글로벌 경쟁력 제고를 이끌 수 있는 역량을 우선적으로 따져 회장 후보를 선성했음을 시사했다. 안철수가 〈연합뉴스〉와 한 인터뷰 내용을 주요 언론이 보도하면서 MB 측의 포스코 인사개입 논란은 잦아들었다.

하지만 2009년 5월 1일 〈한겨레21〉 보도를 봐도 이명박 실세들의 포스코 회장 인사 개입 사실은 명백해 보인다. 박영준과 천신일의 '포스코 회장 인사 개입' 의혹을 제기했던 우제창 민주당 의원에 따르면, 이들과 포스코 인사들의 접촉은 2008년 11월~2009년 1월 말에 집중됐고 2008년 말부터 포스코에서는 회장 교체설이 나돌았다. 2009년 4월, 민주당 우제창 의원은 당시 정권의 핵심 실세가 포스코 회장을 갈아치웠다는 의혹을 여러 정황을 들어 다시 제기했다. 우제창 의원이 국회예산결산 특별위에서 박영준에게 포스코 인사들과 접촉한 정황을 묻자, 박영준은 만난 것은 사실이지만 외압과는 상관없는 만남이었다고 주장하며, 다른 언론 인터뷰에서 안철수가 외압이 없었다고 말하지 않았느냐며 안철수의 발언을 내세워 결백을 강변했다.(2011년 월간중앙 11월호) 아무튼 안철수가 적극 나서서 포스코 인사에 정치적 압력은 없었다고 강변했던 것을 보니 안철수는 MB 정권이 인사 개입이나 하는 정권이라고 오해받는 것을 못 견뎠던 모양이다.

## 포스코 이사회 의장 안철수의 포스코 부실화에 대한 책임

정준양은 포스코 CEO로 선출된 뒤 포스코 사외이사를 일부 교체했다. 중임으로 임기만료인 이사들을 제외하고, 박원순과 허성관이 실제로 교체된 인물이었다. 사외이사 대부분이 중임 임기까지 마친다는 점을 고려하면 허성관은 교체되었다고 볼 수 있고 그가 참여정부 각료였다는 점을 보면 중임하지 않은 것은 그럼직하다.

박원순의 경우는, 포스코 사외이사가 된 2004년, 당시 서울시장이었던 이명박이 월급을 내놓겠다고 했을 때 다음날 직접 찾아가 기부하도록 설득하여 시장 재임 4년 동안 아름다운 재단에 시장 급여 전액을 기부하게 하고 아름다운 재단 명예고문도 맡기는 등 서로 훈훈한 사이였다. 한 달에 한 번 이명박을 만나 자문도 했고 자기 입으로 이명박과 친한 사이였다고 그랬는데 뭐가 틀어졌는지 포스코 물갈이에서는 물갈이됐다. 참여연대에서도 사외이사 교체는 MB 측근인사가 한 것이라며 항의했으니 MB가 박원순을 잘랐다고 봐도 무방할 것이다.

안철수는 2010년 3월 이사회 의장으로 선임된다. 안철수는 사외이사 중임 임기가 만료되는 2011년 2월까지 이사회 의장이었으며 당시 새로 부임했던 유장희 사외이사가 안철수의 뒤를 이었다. 유장희는 이명박 대선캠프 출신으로 현재 청계재단 이사다.

2009년 3월 경제개혁연대(소장 : 김상조, 한성대 교수)가 내놓은 〈사외이사와 이명박 정권〉이라는 보고서가 있다. 이 보고서는 사외이사제도가 그 취지와 달리 정권 유착 인사 기용을 통한 로비 수단으로 변질되고 있다는 것이 주 내용인데 이명박 정권 출범 뒤 기용된 사외이사의 출신지역 및 출신대학 분포 등을 근거로 제시하기도 했다. 이명박 정권은 공기업 주요 요직까지 철저히 관리했다는 것은 객관적 사실로 봐야 한다. 안철수의 포스코 이사 재직이 MB의 의도와 관계없이 이루어졌다고 생각하는 것은 너무 순진한 태도라고 할 수 있다.

안철수는 2005년 처음 포스코 사외이사직을 맡았다. 당시 경영인으로서 안철수는 매출 300억 원(2004), 창립 10년 된 중소기업의 CEO였다. 포스코 사외이사로 선임된 다른 인사들과 비교해볼 때 안철수의 경력과 학력으로 포스코 사외이사직을 맡은 것은 굉장히 획기적인 일이라고 할 수 있다. 물론 포스코 측에서 스펙을 따지지 않고 그야말로 능력 위주의 인사를 했는지도 모르겠다.

**포스코 관련 안철수 약력**

- 2005.3. 포스코 사외이사로 선임됨. 동시에 미국행
- 2008.2.24. 이명박 정부 출범
- 2008.4.30. 귀국(MBA 과정이 끝나기 직전 서둘러 귀국함.)
- 2008.5.14. 대통령 직속 미래기획위원회 첫 회의
- 2008.5.19. 카이스트 석좌 교수로 임용(카이스트 총장 서남표가 교내 반대 의견을 무릅쓰고 영입했다)
- 2009.2.1. 포스코 회장 교체의 외압 의혹을 무마하는 증언을 함
- 2009.2. 포스코 사외이사 교체에 살아남음

- 2009.6. 〈무릎팍 도사〉 방송 출연(박경철은 2009년 10월 출연)

- 2009.10. '청춘콘서트' 시작

- 2009.11. 대통령 소속 국가정보화전략위원회 위원으로 위촉

- 2010.1. 방송통신위원회 기술자문위원으로 위촉

- 2010.3. 포스코 이사회 의장으로 선임(정준양 체제)

- 2010.5. 지식경제부 연구개발 전략기획단 비상근 위원으로 위촉

2005년 3월 안철수는 안랩의 대표이사직을 그만두고 이사회 의장을 맡으면서 가족이 가 있던 미국으로 유학 갔다. 당시 안철수 관련해 여러 기사를 종합해 보면, 안철수는 2005년 3월 말에는 워싱턴주 시애틀, 8월 말부터 캘리포니아주 팔로알토에 거주했다. 안철수는 원래 워싱턴 주립대에서 방문학자를 하려고 했었다. 그러나 아내가 스탠퍼드로 옮기면서 자신도 스탠퍼드 벤처 비즈니스 과정에 들어갔으나 다시 2006년 5월 펜실바니아 대학교 와튼스쿨 MBA 과정에 입학을 하게 된다.

그런데도 안철수는 포스코 사외이사로 선임되었다. 당시 안철수는 유학생 신분으로 어떻게 포스코 사외이사 일을 할 수 있었는지 모르겠다. 일반 사람들이 알 수 없는 노하우가 있었거나 아니면 한국과 미국을 자주 오가면서 열심히 일했을지도 모른다. 포스코 사외이사직을 액세서리가 아니라 진지하게 여겼다면 말이다. 하긴 포스코 사외이사직은 안철수가 그만한 의미를

찾을 만한 일이었음은 틀림없다. 안철수는 어떤 일에 도전할 때 그게 '의미 있는 일'인지 꼭 따져본다고 했던 사람이기 때문이다. 아무튼, 안철수는 포스코 사외이사가 되면서 대한민국 최상급 경영인으로 떠올랐고 '그들의 리그'에 들어갔다. 안철수는 포스코 경력 이후 각종 정부 위원회와 기구에 참여하는 등 이명박 정권의 핵심 인사 중 한 사람이 되었다.

2010년 안철수는 포스코 의장이 되었다. 안철수가 포스코 이사회 의장 자리까지 올랐던 것은 MB 측의 인사개입 의혹이 불거졌던 2009년 정준양 신임회장 선임 당시 안철수가 나서서 의혹을 불식시켰던 데 대한 공로는 아닌지 의심이 간다. 그럼 2010년 당시 MB는 뭘 하고 있었을까.

MB는 취임도 하기 전에 자원외교에 필이 꽂혀 있었고 임기 내내 관련 의혹이 떠돌았다. 그리고 MB는 포스코를 장악한 후 포스코를 자원외교에 적극 이용했다. 포스코는 2009년 정준양 회장이 취임한 뒤 자원외교에 능숙한 인맥과 노하우를 갖춘 '대우인터내셔날'을 3조 7천억 원에 인수하는 등 20개가 넘는 기업을 무리하게 인수합병 했고 아프리카 등 전 세계에서 자원외교, 건설 프로젝트 등을 벌였다. 이 과정에서 포스코는 부채비율이 치솟고 신용등급이 강등되었으며 재정난 타개를 위해 본사 건물 매각, (재벌사 등에게) 지분매각 의혹이 나오기도 했다. 그런데 2010년 중반 '대우인터내셔널'을 인수할 당시 포스코 이사회

의장이 바로 안철수다. 이사회 의장은 포스코의 주요한 사업을
최종 승인하는 최고의결 기구인 이사회를 주재하는 자리다. 그
리고 통상 정권이 컨트롤하는 이런 대형 공기업에는 정권과 관
련된 여러 가지 이권이 들어오기 마련이다. 안철수가 포스코 이
사회 의장에 재임하던 시기는 이명박 정권의 포스코 장악이 절
정이던 때였다. 안철수는 포스코 이사회 의장으로서 당시 정권
에 독립적인 입장을 취했는지, 또 경영능력은 발휘했는지, 그리
고 재임 중 무엇보다 중요한 도덕과 상식을 지켰는지 답해야 한
다.

# Delusion

6부

안철수와 대선

“외국에서는 좌파 우파 논쟁이 20년 전에 끝났다고 한다. 아직도 논쟁하는 나라는 지구상에 우리나라밖에 없다고 한다. 지금 좌우논쟁 하면서 허송세월 할 만큼 우리나라 상황이 녹록하지가 않다. 굉장히 소모적이다.”

- 2011.8.12. 창원 강연회에서, 안철수


“만약에 (정치에) 참여하게 된다면 어떤 특정한 진영의 논리에 기대지 않을 것임은 확실하다. 진영의 논리에 휩싸여 공동체의 가치를 저버리는 판단은 하지 않을 것이다.”

- 2012.3.27. 서울대 특강에서, 안철수

# 안철수의 정치 정체성

## 안철수의 정치 DNA?

그간 안철수는 말을 많이 했다. 하지만 안철수의 말을 제대로 분석하고 이해하고 판단하기는 어렵다. 그가 탈북자, 안보, 이석기 등에 대해 말한 적이 있는데 그것을 보면 그의 통일안보관은 민주당의 그것과 분명 차이가 있다. 하지만 나머지 안철수의 모호한 말들로는 안철수의 구체적인 생각이 어떨지 알기 어렵다.

야권은 대체로 안철수가 진보 성향인 것 같으니 자신들과 견해차이가 크지 않을 것이라고 '주먹구구' 식으로 생각하고 있을 것이다. 혹 차이가 있더라도 그런 부분은 대략 '단일화 합의문'에서 몇 줄 보완하면 별문제 없을 것이라고 자기들 편할 대로 생각하고 있는지도 모른다.

안철수는 평소 '상식'과 '소통'에 대한 이야기를 많이 했다.

그런데 야권 단일화 공방 과정을 보면 안철수는 민주당과 소통하는 데 대한 고민은 전혀 없는 것 같다. 물론 정당정치나 민주적 절차에 대한 상식도 없어 보인다. 이것은 민주당도 마찬가지인데 안철수와 민주당 양측은 각각 독자적으로는 대선 승리가 힘드니까 일단 단일화를 핑계로 상대를 잡아먹은 뒤 힘을 키워 대선에서 이겨보겠다는 심산인 듯하다.

야권은 안철수에게 공동정부를 제안했는데 공동정부가 실제로 가능한지 구체적이고 진지하게 고민한 것 같진 않다. 야권이 안철수와 단일화를 할 만큼 안철수와 야권의 정치 DNA가 비슷한지 의문이다. 야권은 단일화와 공동정부를 이야기하기에 앞서 일단 안철수의 정치 정체성에 대해 먼저 점검해보는 것이 원칙과 상식에 맞는 것 아닐까? 객관적인 사실들을 토대로 안철수의 정치적 정체성을 파악할 수 있는 몇 가지 사안들을 점검해보자.

첫째, 작년 서울시장 보궐선거 당시 안철수는 애초 출마하지 않을 거였으면서 마치 서울시장 후보로 나갈 것처럼 하다가 박원순에게 양보했다.(물론 안철수는 서울시장 출마설을 흘림으로써 주식 대박을 쳤다.) 그 결과 민주당 등 야권은 정치적으로 타격을 받았으며 이후 야권의 정치 구상은 혼란에 빠졌다.(지난 서울시장 보궐선거를 하게 된 이유도 석연치 않다는 것은 이미 언급했다.)

둘째, 작년 서울시장 선거 이후 안철수의 멘토 법륜이 청와대 핵심인물들과 접촉을 하고 있다는 언론보도가 나왔다. 안철수, 법륜, 박경철의 특징은 MB를 포함해 역대 어느 정권과도 다 가까웠다는 데 있다. 특히 법륜은 작년 12월 중순 청와대에서 토크 콘서트도 했다. 현재 안철수 주변에 모여든 인물들의 정치성향은 그야말로 잡탕이라고 할 수 있지만 대체로 전통적인 여권이나 구기득권 세력에 속하는 사람들이 더 많다.

셋째, 작년 서울시장 선거 당시 안철수 회사의 주식은 최대 6배 이상 올랐다. 안철수는 거액을 벌었고 그 돈의 일부로 재단까지 만들었다. 그런데 MB 정권은 안철수에 대해서만 조용하다. 심지어 안철수가 서울시장 출마의사를 철회할 때까지 안철수가 위원장으로 있었던 신성장동력사업 선정 발표를 미뤄주기까지 했다. 안철수는 MB 정권 들어 각종 청와대 직속 위원회, 포스코 이사회 의장, 검찰 등 사정기관 자문위원, KAIST와 서울대 교수, 정부 차원의 안랩 지원 등 온갖 혜택을 누렸다. 대부분의 국민들이 야권 성향이라고 알고 있는 안철수를 MB 정권은 왜 이리 밀어줄까? MB 정권은 야권의 온갖 케케묵은 비리, 심지어 노무현 전 대통령 주변의 의혹까지 샅샅이 파헤치는 뒤끝 있고 독한 정권이었다. 그런데 유독 안철수에 대해서만은 부드럽다. 검찰은 '안철수의 BW 의혹'에 대해서 새로운 근거가 제시되자 곧바로 "공소시효가 끝났다."며 덮었다. (안철수는 자기 책에서 "중상모략에 대해 문제가 없으니 검찰이 종결했다"고 말했다.)

금융감독기관도 안랩 의혹에 대해 주주 일부를 조사한다는 말만 있었고 정작 결과 발표는 없었다. 후에 "시간이 오래 지나 자료를 확인하기 어렵다."고 했다.

넷째, 올해 6월 말 박사모 회장은 MB에게 공개 질의서를 보내 '사실상 안철수의 배후가 MB 아니냐?'라고 직격탄을 날렸다. 이것이 단지 박사모만의 억측일까?

다섯째, 안철수는 자신의 책 《안철수의 생각》에서 4대강, 재벌개혁, 천안함 문제 등을 언급했다. 하지만 그야말로 원론적인 언급에 불과하다는 것을 책을 읽어본 사람이면 다 알 수 있을 것이다.(모르면 할 수 없다.) 누구나 저 정도 언급은 한다. 심지어 새누리당 의원들도 저 정도 발언은 한다. 안철수는 언제든 자신의 알리바이를 대야 할 순간을 위해 미리 애매하고 원론적인 언급을 해두는 것이라고 보면 된다. 안철수는 정작 MB 정권의 구체적이고 예민한 문제 즉 MB 정권의 부패 의혹, 원전 문제, 민간인 사찰, 디도스 공격, 자원외교, 검찰개혁 등에 대해서는 말하지 않는다.

여섯째, 그는 항상 여야 정치권을 동시에 때리면서 균형을 잡는 척한다. 결국 안철수는 기존 야권도 절대 안 된다는 말을 하고 있는 것이다. 현재 안철수의 존재가 여야 어느 쪽에 더 피해를 주고 있는 것인지 생각해보라. 그는 아직까지 출마의사를 명확히 밝히지도 않고 국민의 뜻 운운하며 정치권을 혼란에 빠뜨리고 있다. 그리고 책 출간, TV 출연으로 자신의 지지도를 끌어올리고 민주당 대선후보 경선에 초를 쳤다. 안철수는 민주당 대선후보와 지지율 격차를 벌리고 있다. 그러다 대선이 임박하면 지지도 격차를 명분으로 국민 후보로 단독 추대받겠다는 심산인 것 같다.

결론적으로 안철수가 펴낸 책으로 안철수를 알 수 없다는 것이다. 《안철수의 생각》은 야권 구미에 맞는 정책 구상들을 적당히 끌어다 모아놓은 것일 뿐이다. 만약 안철수가 야권 단일 대선후보가 되고 또 대선에서 이긴다면 그것은 과연 정권 교체일까, 정권 연장일까. 위 사안들을 따져보면서 곰곰이 생각해봐야할 문제 아닐까.


## 대립을 넘어 화합? 과거가 아닌 미래로?

2011년 안철수가 박원순에게 서울시장 후보 자리를 양보하고 박원순 캠프에 가서 응원 메시지를 전했다. 안철수는 그 글에서 좌와 우, 진보와 보수, 부자와 서민, 강남과 강북 등의 이념과 정파 대립을 넘어 화합해야 한다고 했다. 그리고 당시 선거가 '누가 과거가 아닌 미래를 말하고 있는지' 묻는 선거여야 한다고 했다.

안철수의 이 말의 진의는 '기성 정치세력은 안 된다.'는 것이다. 실제로 안철수는 "사회와 국민의 의식변화에 맞춰 기성정치가 변해야 한다."는 말을 했다. 이번 대선에서 기성 정치세력은 민주당과 새누리당이고 좀 구체적으로 표현하면 문재인과 박근혜다. 두 세력 모두 부정하면 좋아할 사람은 바로 MB다.

그가 기성 정치를 비난했지만, 작년 서울시장 선거 당시 여야 기성정치권은 '보편적 복지'를 논의하고 있었다. 여야는 구체적인 방법론에서는 대립하기도 했지만, 복지를 강화해야 한다는 데에는 크게 이견이 없었다. 정치권뿐 아니라 학계와 시민단체 등도 보편적 복지를 추진하기 위해 다양한 의견을 쏟아낼 때였다. 당시 보편적 복지에 대해 반대하던 세력은 MB 세력이었다. 급기야 서울에선 무상급식 찬반투표까지 했고 오세훈과 나경원은 MB의 총알받이 역할을 했다. 당시 이슈가 계속 진행됐으면 우리나라의 복지 이슈에 대한 논의 수준이 꽤 높아졌을 것이다. 올해 대선은 의료, 교육, 보육, 실업, 빈곤, 노후, 주거 등 복지 문제가 주요 이슈가 될 수 있다. 한국 사회에서 이토록 복지문제에 대한 정치권 공론화와 대세합의가 된 적이 있었던가.

안철수는 이런 시점에서 혜성처럼 등장했다. 그는 당시 핫이슈였던 복지에 대한 자신의 입장은 밝히지 않은 채 '기성 정치 사회의 변화'라는 애매한 화두만 던졌다. 안철수가 등장하면서 우리 사회에선 복지 이슈 대신 '안철수 현상'이 주요 이슈가 됐다. 복지 이슈 외에도 안철수가 묻어버린 이슈는 많다. 그 중

크게 세 가지만 살펴보자.

첫째, MB 정권의 실정과 부패 의혹이 이슈가 되지 않는다. MB 사저, 자원외교, 민간인 사찰, 4대강, UAE 원전 수주(PF를 구체적으로 추진하고 있다.), 권력형 비리, 측근비리, 경제실정 등이 모두 묻히고 있다. 현재 국민의 관심사는 오직 야권단일화와 '안철수 현상'밖에 없다고 해도 과언이 아니다. 야권은 '안철수 변수' 때문에 정부를 비판할 여력이 없어 보인다. 그 결과 MB는 올림픽, 독도방문 등의 이슈로 오히려 더 당당해진 모습이다.

둘째, 정치권이 민생에 대해 논의하지 않는다. 앞으로 다가올 세계적인 경제불황 시대에 대비하여 정치권은 '국민의 생존'에 대해 진지하게 고민하고 대책을 세워야 한다. 지난 서울시장 선거 당시의 무상급식 논란도 그런 과정 중의 하나였다. 그런데 현재 정치권과 언론은 민생을 걱정하는 대신 안철수가 떠들었던 '화합과 미래', '소통과 힐링' 같은 뜬구름 잡는 이야기만 하고 있다. 2011년 10.26보선 이후 '복지동맹', '야권단일화' 이슈가 후퇴하고 안철수와 박원순을 중심에 둔 '야권세력화'가 관심사가 됐다. 그리고 2012년 19대 총선에서는 '경제민주화' 이슈가 등장했지만, 곧 '안철수 현상'에 밀렸고 현재의 대선국면에서도 민생에 대한 논의가 이루어지지 않고 있다.

셋째, 정치권이 '단일화'를 비롯한 각종 정치공학에만 몰두하고 있다. 현재의 정치 상황을 무조건 안철수 탓이라고는 할 수 없다. 하지만 안철수의 등장으로 여야 진영 간의 정책대결이 후퇴하고 각 정치세력이 정치공학에 따라 이합집산하는 흐름이 뚜렷해진 것은 명백하다.

넷째, 자본과 사정기관 등이 득세하고 있다. 자본과 검찰 등의 사정기관은 앞으로 그들의 기득권 유지를 위해 정치권을 흔들 소지가 매우 커졌다. 안철수의 등장으로 정치판이 혼란스러워지면서 자본과 권력을 가진 세력이 장난을 치기가 훨씬 더 쉬워졌다.

즉 어젠다가 사라진 자리를 안철수를 중심으로 한 '정치권의 합종연횡 세력화와 주도권 잡기'가 대체한 것이다. 그리고 이후 여야는 안철수를 둘러싸고 소모적인 정쟁과 눈치작전 등 '정치공학 게임'에 빠져들었다. 현재 전 야권과 시민사회, 진보 지식인들은 모두 안철수의 입만 바라보고 있다.

## 안철수는 야권 후보가 아니라 친이명박 인사다?

2011년 12월호 〈월간중앙〉 기사를 보면 안철수의 정체성에 대해 잘 나와 있다. 안철수는 의사 집안 출신으로 기본 정치성향은 보수에 가깝다. 그는 참여정부의 러브콜을 받았지만 고사했다. 예전 〈중앙일보〉 인터뷰 기사에서 안철수는 "나는 정치할 체질이 아니고 관심도 없는데 딱 한 번 고민한 적이 있다. 노무현 정부 시절 청와대 과학기술보좌관 제의를 받았지만 고민하다 거절했다.”며 “이유는 나 혼자의 힘으로 세상을 바꿀 수는 없을 것 같다는 생각에서였다.”고 말한 바 있다. 그런데 그는 이명박 정부 들어 적극적으로 정부 정책에 참여했다. 즉 안철수는 노무현 시절에는 ‘혼자’였고 이명박 시절에는 ‘함께’였던 것이다.

그럼 그간 안철수가 접촉했던 사람들의 성향을 대충 살펴보자. 안철수는 법륜과 각별한 사이다. 그런데 법륜의 ‘평화재단’이 운영하는 평화교육원의 조민 부원장은 YS 정권의 행정관이었던 K모 씨와 J모 씨를 만나 “안철수 캠프를 만드는 데 도와달라.”고 했다는 보도가 있었다. 평화재단과 정토회 그룹 안에는 보수·진보 인사들이 뒤섞여 있기는 하다. 하지만 〈월간중앙〉은 “법륜이 움직이는 캠프 인력 90%가 MB의 대선 캠프에서 활동했던 인물들로 안다.”는 한나라당 정치인의 발언을 보도한 적이 있다. 그리고 다들 알다시피 ‘청춘콘서트’의 기획자로 알려진 윤여준과 안철수에게 제3당을 만들겠다고 러브콜을 보냈던 박세일도 대표적인 보수 인사다. 박경철도 MB 정부 들어 친MB의 대표주자였던 주호영, 이재오 두 특임장관의 자문위원을 했다.

안철수가 ‘반한나라당’적인 말을 몇 마디 했다고 해서 안철수를 '반새누리당 인사'라고 규정하는 것은 섣부른 판단이라는 생각이다. 하지만 반새누리당 진영은 '그래도 안철수가 새누리당은 아니지 않느냐'는 기대로 위안을 삼고 있는 것 같다. 안철수는 이명박, 곽승준 그리고 정부의 친MB 인사들과 수년간 함께 일했던 사람이다. 안철수는 애매한 인사라기보다 최근까지 청와대를 들락거렸던 그 누구보다도 확실한 친정부, 친청와대, 친이명박 인사다. 물론 안철수가 일했던 각종 MB 위원회의 구체적인 활동내용은 철저하게 감춰져 있다.

안철수는 박원순을 지지했고 가끔 새누리당을 반대하는 듯한 말도 했다. 그리고 안철수재단은 야권 인사로 알려진 사람을 몇 명 영입하기도 했다. 그런데 그것이 안철수가 청와대를 제집처럼 들락거리며 이명박과 함께 한 시간을 다 덮을 만한 것인지 생각해볼 일이다.

**관련 기사**

'MB "안철수 보며 올 것이 왔다 생각"' (2011.09.09. 중앙일보)

'청와대 '안철수 영입 극비작전' 내막' (2012.2.15. 일요신문)

'〔심층분석〕 안철수·MB '교감설' 실체, 박근혜 대세론 '아웃' ……. 대권판도 '흔들'' (2011.9.17. 국회일보)

"긍정적으로 사회에 도움이 될 수 있을 지가 모든 행동의 판단 기준이다.
(대선 출마는) 제가 선택하는 것이 아니라 제게 주어지는 것이다."

- 2012.4.4. 경북대 '안철수 교수가 본 한국 경제' 강연에서

대선 출마 여부를 묻는 학생들의 질문에 대해, 안철수


"나 자신을 보면 정치인과 안 맞는 게 확실한데, 현실을 보고 있자니 점점
화가 난다. 혼자서는 절대로 바꿀 수 없다는 것을 안다. 여러 사람이 동시에
함께 바꿀 수 있으면 제일 좋은데 그런 때가 올까?"

- 2011.7.12. 중앙일보, 안철수

# 안철수와 대선 전략

## 안철수의 '대선게임' 전략

안철수의 대선 전략은 현재까지 잘 먹히고 있다. 그는 자신의 대선후보 스펙이 경쟁력 있다고 이미 계산을 끝냈다. PK 출신(그것도 부산), 2040 인기, 수도권 득표력, 시대정신에 부합하는 소통 능력, 그리고 기존 정치인들과 대비되는 참신함, 헌신과 기부 이미지 등등이 그가 생각하는 경쟁력일 것이다. 현재 스펙으로만 보면 기존 야권 후보들은 물론 여권 후보인 박근혜도 역부족처럼 보인다. 그는 스스로 물러나지만 않는다면 새누리당을 제외한 중도, 야권의 단일후보가 될 가능성이 유력하다고 생각하고 있는 것 같다.

2012년 5월 30일 안철수는 모두가 주목하는 가운데 부산대에서 강연을 했다. 역시나 하나 마나 한 애매하고 듣기 좋은 말만

했고 이미지를 높였다. 그리고 그의 게임전략대로 여야 1·2위 대선 유력주자들에 대한 립 서비스는 잊지 않았다. 그는 그 시점에서 어느 한 쪽이라도 자극해서는 안 되는 것이었다. 그는 당분간 여·야 양쪽 모두에게 우호적인 태도를 보여야 한다. 왜냐하면, 어느 한 쪽 진영에라도 안철수가 입장을 분명히 하는 순간 본격적인 검증에 시달릴 것이기 때문이고, 그렇게 되면 안철수가 제대로 버틸 수 있을지 의문이다. 따라서 양쪽 진영이 뭔가 찜찜하더라도 미련을 가지게 만들어야 한다. 그러기 위해서는 진보 보수를 왔다 갔다 하며 헷갈리게 하는 것이 최선이다. 그래서 박근혜, 문재인 양측을 모두 우호적으로 평했던 것이다. 실제로 그는 현 정권과 여야 이쪽저쪽에 물밑 라인을 다 마련해놓았다. 친노 쪽에서 대변인을 영입했고 동교동 쪽에서 재단 이사장을 영입했다. 나아가 친박 핵심 측에도 라인이 있다는 말이 들린다. 안철수는 역대 대선에서 일찍이 본 적이 없는 희대의 '하이브리드(잡종)hybrid' 전략을 구사하고 있는 것이다.

안철수의 대선 전략에서 또 중요한 한 가지는 절대 대선 레이스를 오래 뛰면 안 된다는 것이다. 안은 정치신인이며 사업가 출신이다. MB의 경우가 있지만, 정치와 비즈니스는 원래 DNA가 다르다. 안철수는 40대 중반까지 비즈니스맨으로 살았기 때문에 비즈니스맨에 준하는 가치기준, 관행, 도덕관이 몸에 배어 있을 수밖에 없다. 특히 비즈니스 중 벤처 분야는 '사업가'의

가치기준이 가장 극단적으로 발현되는 영역이다. 안철수 스스로도 국회에서 "벤처에 사기꾼이 허다하다."고 하지 않았던가. 언론인이나 평론가들 중 안철수가 링에 오르면 두 달이면 아웃될 것이라고 단언하는 이들도 있다. 그래서 그는 최소한의 라운드만 뛰어야 하기에 중앙일보 만평이 비꼰 것처럼 당분간은 매번 '홀로그램'으로 등장할 수밖에 없다. 안철수는 최소한 10월은 되어야 공식적인 대선 출마 선언을 할 가능성이 높다. 그는 마라톤으로 치면 40km 지점에서 스퍼트해서 골인하겠다는 전략을 쓰고 있는 것이다. 현재 정치참여 결정 여부를 주기적으로 국민에게 생중계하고 있는 안철수의 행태가 안(?)스럽다.

안철수는 지난 7월 민주당 예비경선이 시작되고 자신의 지지율이 3위로 떨어지자 기다렸다는 듯이 TV에 출연했고 《안철수의 생각》이라는 책을 발간했다.(바로 직전에 정두언, 박지원에 대한 국회의 체포동의안 논란이 있었다.) 안철수의 지지도가 뛰자 새누리당의 검증 공세가 시작되었는데, 그때 공교롭게도 새누리당에서 19대 총선 공천비리 문제가 터졌고 친이 대선 경선주자들이 일제히 박근혜를 공격하기 시작했다. 어쩐지 모든 일이 미리 짜여진 시나리오대로 진행되는 것 같고 하나같이 안철수를 돕는 방향으로 흘러가고 있다. 어쨌거나 기존 정치권은 안철수의 안개 전략에 모두 혼란스러워하고 있다.

여야 정치권은 경선과정에서 각각 검증과정을 거치면서 내상을 입었다. 친노→통합진보당→친박 순으로 문제가 터졌고 기존 정치권은 혐오의 대상으로 전락하고 있는데 안철수는 유유자적 낚싯대를 드리운 채 가끔 선문답으로 자신의 존재감을 과시하면서 정작 검증에선 비켜나 있다.

어쨌든 이러한 안철수의 전략은 현재까지 매우 성공적이다. 사실 그는 2008년 MB 집권과 함께 이미 선수등록을 한 채 불펜에서 연습투구를 하고 있었다. 다수의 위원회, 포스코 사외이사와 이사회 의장, KAIST 석좌교수, 서울대 대학원장 등의 자리를 통해 그는 실전과 같은 경력을 쌓았다. 본격 등판까지 남은 시간은 겨우 2개월 미만이다. 야구로 치면 8회 정도 될 텐데 아마 그는 9회 말 마무리로 등장해 삼진 3개 잡고 승리의 주역이 되려 할 것이다. 정치는 내가 잘해서 되는 것보다는 남이 실수하거나 또는 각종 정치공작 등의 정치 공학이 좌우하는 게임이다. 다만 뭘 모르는 순수한 국민들이 '국민의 선택'이라고 착각한다. 97년부터 2007년까지 대선이 의외의 변수나 작업(?)없이 끝난 적이 있었는지 잘 생각해보라. 대선이 온전한 국민의 선택이 되려면 국민들이 깨어있어야 한다.

## 안철수는 빌 게이츠를 왜 만났을까

2012년 1월, 안철수가 미국에 가서 구글 회장을 만나 찍은 사진을 언론에 배포했다. 그리고 안철수는 빌 게이츠를 만나서 '한 시간 가까이' 대화를 나눴지만 사진은 찍지 못했다. 하지만 빌 게이츠로부터 "기부에 그치지 말고 사회에 참여해야 한다."는 말을 들었다며 이를 언론에 보도하고 자신의 위상을 높였다.

먼저 사실관계를 바로 잡자. 안철수와 빌 게이츠의 회동시간은 정확히 28분이었다. 그리고 빌 게이츠는, 안철수의 기부에 대한 장황한 설명을 듣고 그냥 인사치레로 "부의 기부에 그치지 말고 사회에 기여(service)하라."고 말했을 뿐이다. 안철수가 전한 대로 '참여(take part in )하라.'는 말은 하지 않았다. 그리고 대화 중 빌 게이츠의 '스피치' 시간은 전체에서 약 1/8 정도였다. 거의 28분을 안철수 혼자 말한 것이라고 봐도 될 정도다.

또 안철수 측에서는 빌 게이츠와의 만남을 '중요한 회동'이라고 선전했는데 정작 동영상은커녕 사진도 한 장 없다. 그 이유는 빌 게이츠가 회동의 조건에 기자의 참석, TV 카메라의 촬영, 사진 촬영을 모두 불허했기 때문이다. 회동 당일 안철수가 빌 게이츠에게 안면 몰수하고 사진 찍기를 요청했으나 그것 또한 일언지하에 거절당했다. 그는 안철수를, 자신과 같이 찍은 사진을 가지고 정치적으로 이용할 수도 있는 그런 사람으로 봤다는 것이다.

그리고 그 회동 후 빌 게이츠 측에서 대화내용을 곧바로 언론에 배포했다. 안철수 측은 그것을 무슨 '공동성명서'처럼 거창

하게 포장했지만 빌 게이츠 측에서는 '이러이러한 대화 이외엔 별다른 내용이 없다.'고 확인하는 차원에서 배포했던 것일 뿐이다. "안철수 측은 별것 아닌 회동을 확대해석 하지 말라"는 것을 분명히 하는 차원이라고 이해하면 된다.

내가 생각하는 안철수와 빌 게이츠 회동의 배경은 이렇다. 우선 안랩은 2011년 5월 지경부 산하 우정사업정보센터가 관리하는 전국 3만 5,000대의 PC를 대상으로 하는 '가상화 기술 이용, 업무·인터넷망 분리사업'을 MS와 공동수주했다. 주관기관은 KT고 용역비는 98억 원이었다. 안랩은 MS측에 윈도우 라이센스비로 29억 원을 지불했다. 안철수의 MS 방문은 이 용역을 위한 비즈니스 방문을 포장한 것이라는 지적이 있다.

또 안철수의 방미 기간 중인 2012년 1월 10일 금감원이 안랩 2대 주주 원종호를 조사하여 차명으로 의심되는 계좌를 발견했다는 보도가 있었다. 원종호는 1월 17일에서 20일까지 그가 보유한 주식 108만 주 중 16만 8천 주를 총액 235억 5천만 원, 주당 14만 원에 팔아 188억가량의 시세 차익을 얻었다고 한다. 원종호는 금감원 조사가 진행되고 있었고 차명계좌로 의심되는 계좌가 나왔다는 보도 와중에 보유주식 매각에 나섰는데도 별탈이 없었다. 또 금감원은 2009년 3월 원종호가 안랩 주식 9.2%(91만 8,681주)를 보유하고 있다고 공시한 이후 원종호가 안랩의 주식을 몇 차례 추가 취득하며 자신의 지분을 최종 108만

4,994주(지분율 10.8%)로 늘렸지만 이를 추가로 공시하지 않았다. 원종호는 곧 자신의 지분율을 4.9%로 낮췄는데 이는 지분 공시를 하지 않으려는 조치로 보인다. 한편 원종호는 철저하게 베일에 가려져 있는 인물이다.

그런데 안철수는 원종호가 주식을 팔고 난 바로 다음날인 21일에 귀국했다. 안철수는 귀국 기자회견에서 "저 같은 사람까지 정치할 필요가……."라며 대선 출마에서 한 발 빼는 발언을 했고 이후 안랩의 주가는 설 연휴 첫 개장날인 25일에 하한가까지 폭락했다.

결국, 안철수가 미국에 가서 빌 게이츠를 만난 것은 단순히 기부재단 설립에 대한 조언을 얻기 위해서라고만은 보기 힘들다. 지경부의 용역비를 이용하여 빌 게이츠를 만나서 자신의 이미지를 높였고 슈퍼개미 원종호의 차익 실현을 위해 어떤 '배후'와 줄다리기한 것은 아닌가 하는 의혹이 있는 것이다.


## 안철수 VS 민주당, 누가 더 한심힌가

2012년 6월 19일, 민주당 이해찬 대표가 안철수에 대해 일단(?) 11월 20일까지 입당 여부를 밝히라고 했다. 민주당의 경선일정은, 9월 중순에 당 대선후보를 선출하는 1차(?) 경선을 하고 11월경 다시 당 밖의 안철수와 본 경선을 한다는 것이고, 이미 언론에 다 보도되어 있었다. 따라서 이해찬의 발언은 당시 뉴스 헤드라인처럼 '입당 여부 데드라인 최후통첩'이 아니라 그냥 안철수가 입당하면 한꺼번에 경선을 같이하고 안 하면 11월에 한 번 더 경선하겠다는 하나마나 한 소리였다.

이에 대해 안철수 측 대변인 격인 유민영은 "민주당 일부 인사의 발언은 안철수에 대한 상처 내기"라며 "진의가 무엇인지? 누구에게 도움이 되는지 생각해보라."고 했다. 그는 또 "서로에 대한 존중이 신뢰를 만든다."고도 덧붙였다.

안철수 측의 이런 까칠한 반응은 당시 문재인, 김두관, 손학규 같은 민주당 대선주자들이 이전과는 달리 안철수에 대해 다소 공격적인 견제발언을 한 것이 이유라고 보인다. 당시 민주당이 안철수를 압박한 것은 어느 정도 먹혔다. 야권 지지자들의 관심이 민주당 대선 경선에 쏠리자 초조해진 안철수는 7월 하순 2차 지지도 붐업을 시도했다. 책 발간과 TV 출연으로 이후 안철수의 지지도는 폭등했고 그에 반비례해서 민주당 경선후보들의 지지도는 반 토막이 났다. 그리고 현재 민주당은 대체로 안철수에게 우호적인 태도를 보이며 안철수의 9월 말 출마선언을 기대하고 있는 실정이다.

정당 정치의 핵심은 정치적 이념과 철학을 같이하는 사람들끼리 모여 자신들의 정치적 목적과 이상을 실현하는 데 있다. 정당(政黨)이라 함은 글자 그대로 정치를 같이하는 '패거리'를 의미한다. 여기서 '같이 한다'함은 정치적 의견과 이해를 같이 한다는 말이다. 그런데 자기 정당의 대선후보를 뽑는데 현재 자기 당 후보의 지지도가 다소 미약하다고 해서 가치나 철학도 불분명한 당 외부의 인물을 상정한 채 당내 대선후보 경선일정을 짠다면 이는 넌센스도 보통 넌센스가 아니다. 여기서 보다 중요한 부분은 민주당의 이념과 철학에 대해 안철수가 전적으로 공감하고 동조하는가 하는 문제다.

지난 프랑스 대선 때 사회당은 사르코지를 꺾고 집권을 하기 위해 자당 대선후보 선출을 '오픈 프라이머리' 형태로 개방했다. 그러나 거기에는 자당의 가치와 철학에 대한 원칙이 있었다. 사회당 대선후보 '국민경선'에 참여하기를 원하는 프랑스 국민은 사회당의 주요한 정치적 철학과 가치가 적힌 리스트에 동의한다는 서명을 하고 투표용 당비를 내야 했던 것이다.

한국식 '묻지마 단일화'와 완전 개방 국민경선에는 정당의 가치와 철학에 대한 최소한의 동의나 교감이 없다. 그간 안철수와 민주당 사이에 그런 가치에 대한 교감이 조금이라도 있었는지 의문이다. 지금 민주당과 안철수의 애매한 내연관계는 단지 서로가 대권을 쟁취하기 위해 적당히 이용하고 속이는 관계에 다름 아니다.

지난 7월 최장집 고대 명예교수는 민주당의 정체성에 대해 정확한 지적을 했다. 말인즉슨 민주당은 "일정한 정치적 자원을 가진 파당들의 느슨한 집합체에 불과한 정당"이고 "좋은 정부를 준비하기 위한 문제의식을 좀처럼 찾아볼 수가 없다."고 평가했다. 민주당에 대해 이보다 더 잘 지적한 말은 찾아보기 힘들다는 것이 내 생각이다. 또 그는 민주당이 "급진적 정책대안과 실현능력 사이의 괴리"로 신뢰를 보여주지 못하고 있고 "민주 대 반민주 대립구도로 상대를 공격하는데 시간과 노력을 낭비하지 이 시대에 필요한 사회경제적 문제는 다룰 능력이 없다."고 직격탄을 날렸다. 아울러 민주당이 당내경선에 도입한 모바일 투표에 대해서는 "나쁜 의미의 혁명적 변화"라며 "모바일이 일반시민 전반을 대표하지 못하고 사회경제적 저변계층, 소외계층을 대표하거나 그에 기반을 두지 않고 있다."며 "참여하는 소수 외에 나머지는 쇼를 구경하는 청중이 되고 있다."고 말했다. 마지막으로 그는 안철수가 출마의사를 정확히 밝히지 않고 있는 것이 "무책임하고 비정상적인 행동"이라며 비교적 "짧은 시간에 유권자들이 어떤 근거로 후보를 판단해 선출할 것인가?"라고 현재 진행되고 있는 단일화 공방에 대해 의문을 제기했다. 또 그는 11월에야 야권대선 후보가 확정될 것이라는 관측 하에 "이렇게 일정이 늦어지면 모든 게 숨 돌릴 새도 없이 졸속으로 전개되며 그 모든 피해는 국민이 지게 된다."고 결론 내렸다.

반면 이해찬 대표는 신문 인터뷰에서 "대선 진다고 가정 말라.”며 “내가 치른 큰 선거는 다 이겼다.”고 말했다. 그는 정권 교체에 대해 아주 자신하고 있는데 여러 정치지형으로 보아 그의 의견이 맞을 수도 있다. 특히 수도권 20~50대의 지난 총선 투표율이 매우 높아졌다는 보도는 그의 견해를 뒷받침하는 논거일 수도 있다.

문제는 무조건 이긴다는 그의 소신이 ‘정치공학’에 기대어 있는 것이지 ‘정당의 변화와 개혁의지와 실천’에 기반을 둔 승리를 말하는 것이 아니라는 점이다. 민주당이 하루빨리 깨달아야 할 것은 ‘단일화’나 ‘국민 경선 이벤트’ 등이 이미 누구나 예측하고 알고 있는 ‘식상한 드라마’라는 점이다. 플롯 전개와 결말을 뻔히 다 알고 보는 영화가 무슨 재미가 있겠는가. 이미 국민들은 2002년 대선 이후부터 작년 서울시장 경선과정에 이르기까지 야권의 단일화 쇼는 숱하게 봐왔다. 적어도 작년 서울시장 경선 때에는 MB 심판과 야권에 대한 국민의 기대가 높은 편이었다. 그러나 총선 과정과 그 직후 벌어진 야권의 자충수와 진보정당의 추태 등에서 이런 기대는 이미 사라져 버렸다. 이런 상황에서 케케묵은 뻔한 스토리로 감동을 이끌어 내겠다는 것은 ‘흥행실패’가 뻔히 예측되는 영화제작만큼 김이 새는 이야기다. 민주당이 안철수와 주고받는 대사는 60~70년대 한국영화 대사처럼 진부하고 유치하기 짝이 없다. 정말로 단독 집권이 불가할 정도로 지지도가 낮고 능력이 없으면 지는 게 마땅하지 도

박판을 열어 판돈을 한 곳으로 올인 해 판을 키워놓고 이기고 보자는 것이 과연 한국 정치발전에 있어서 바람직한 것인지 심각하게 고민해 봐야 한다.

MB가 저토록 욕을 먹고 새누리당이 전근대적인 색깔공세를 지속해도 민주당 지지도는 왜 여전히 낮은지에 대한 진정한 고민 없이 '안철수 바라기'만 하고 있다면 대선 승리는 불가능하다. 솔직히 안철수가 없어지면, 어쨌든 안철수 지지도 전부는 아니겠지만 상당수가 야권후보 지지로 넘어올 것이다. 안철수가 버티고 있는 한 민주당 대선 주자들의 지지도는 좀처럼 의미 있는 수치에 도달하기 힘들 것이다.

최장집 교수는 이를 두고 '한국 정치의 참을 수 없는 가벼움'이라고 했다. 민주당은 아예 안철수를 잊고 자신의 내실을 먼저 다져가는 것이 더 중요하다. 지금은 무엇보다 정당정치의 근원이 무엇이고 이 시대가 필요로 하는 과제와 그 실천 대안이 무엇인지 고민하는 것이 더 중요하다. 꼼수는 상대가 알면 더 이상 꼼수가 아니다. 결국, 민주당은 자기가 부린 꼼수에 걸려 안철수에 대한 견제를 포기하고 스스로 자진해서 대선후보를 헌납하는 길로 들어서고 있다.

## 야권, '안철수 벙커'에서 나오려면 '치킨게임'을 하라

골프에는 벙커라는 함정이 있다. 움푹 파인 구덩이 안에 가는 모래를 채워 넣은 벙커에 공이 빠지면 짜증이 이만저만이 아니다. 그냥 아무 생각 없이 공 앞 1cm쯤을 샌드웨지로 푹 떠내면 다시 필드로 올라갈 수 있는데 막상 실전에서는 헤매는 사람들이 의외로 많다.

대개 골퍼들은 큰 내기를 할수록 벙커 탈출이 더 힘들다고 한다. 마음에 욕심이 커져 있으니 잡생각과 힘이 들어가고 두 번 세 번 쳐도 벙커를 못 벗어나다가 마침내 골프채를 내던지게 된다. 이후 간신히 빠져나왔다 하더라도 이미 기분을 망쳐 정상적인 플레이가 어려워진다. 그래서 별것도 아닌 모래 구덩이 벙커가 항상 두려운 것이다.

현재 야권의 형상은 안철수라는 벙커에 빠진 골퍼와 같다. 지난 서울시장 선거에서 야권 스스로 단일화 좋아하다 안철수를 키워줬다. 총선 패배 이후 대선 승리에 자신감을 상실한 야권은 공동정부 운운하면서 꺼져가는 안철수 바람을 살려줬다.

정치는 골프처럼 심플하고 단순하게 생각해야 잘 풀린다. 골프가 가장 잘될 때는, 밤늦게까지 폭음하고 다음날 녹초가 되어 아무 생각 없이 그냥 설렁설렁 칠 때라고 말하는 사람도 있다. 민주당이 계속 침체 분위기를 보이는 이유는 무슨 수를 써서든 대선에 이기겠다는 욕심과 초조함이 앞서기 때문이다. 그래서 거시적 차원에서 대선판을 보지 못하고 정치 공학적 테크닉으로 판을 뒤집겠다는 마음만 앞서니 스텝이 꼬이고 정세판단이 제대로 안 되는 것이다. 그러다 보니 선뜻 '안철수와 공동정부'라는 말을 내뱉으며 스스로 '단일화'를 기정사실로 만들어버렸다. 그리하여 민주당 및 야권 차원에서는 안철수에 대한 검증이나 비판이 자기 얼굴에 침 뱉기처럼 되어 금기가 되었다.

민주당이 계속 고루한 길로 가고 있는 데에는 민주당을 둘러싸고 있는 수많은 훈수꾼들, 즉 시민사회, 재야원로, 강남 좌파, 지식인, 진보진영 이론가 등을 자처하는 이들의 역할이 지대했다.(정당이 지나치게 당 외곽 인물들에게 좌지우지되면 이 꼴이 난다.) 또 야권 전반의 의식이 툭하면 신장개업, 국민경선, 모바일 경선, 여론조사 경선, 야권단일화, 정책연대 등 한탕주의 '이벤트'를 생각하는 쪽으로 발달하다 보니, 즉 잔꾀가 발달하다 보니 관성적으로 그렇게 흘러가 버린 탓도 크다. 여기서 민주당 등 야권은 제도권 정당으로서의 고유한 책무와 역할, 정체성을 잃어버리게 되었고 마치 룸살롱 등 유흥업소가 인기가 떨어지면 리모델링 하고 신장개업하는 것처럼 천박한 비즈니스 논리 속에 빠져버렸다. 비즈니스 사회에서는 공익보다 수익 극대화가 최대 '정의'다. 정치가 비즈니스처럼 되면 원칙, 정체성, 이념, 철학이 없어지고 '단기적 수익' 즉, 선거 결과에만 급급하게 된다.

야권은 발상을 전환할 필요가 있다. 지금 유럽이나 중국이 돌아가는 상황을 보면 앞으로 세계경제 상황은 파국적인 위기를 맞을 가능성이 크다. 이런 상황에서도 MB는 퇴임 전에 차세대 전투기, 인천공항 등 처리할 것을 다하고 가겠다는 기세다. 게다가 야권이 안철수에게 한눈을 팔고 있는 사이 MB는 레임덕은커녕 칼자루를 쥐고 야권을 압박하고 있다. 이대로라면 야권은 정권을 잡아봐야 먹지도 못하는 떡을 차지하게 되는 꼴인데 막말로 대선후보 경선은 해서 무엇하겠나. 야권이 무슨 수를 동원해서든 대선에서 이기겠다고 하니 자꾸 수가 꼬이는 것이지 활로가 없는 것이 아니다. 정치는 복잡한 게 아니고 의외로 단순하다. 하지만 아마추어나 훈수꾼이 하는 것이 아니라 프로정신을 가진 사람들이 하는 것이다.

민주당이 그렇듯이 안철수 또한 혼자서는 절대 대선에서 이기지 못한다. 민주당은 안철수에게 단일화에 대한 입장, 이를 위한 일정, 구체적 방식, 여러 정치현안에 대한 구체적인 정책, MB 정권 심판에 대한 입장 등을 제시하라고 시한을 박으면서 압박해야 한다. 그리고 이를 회피하면 단일화는 없다고 선언하면 된다. 3파전으로 가면 안철수는 그냥 소멸하게 되어있다.

안철수는 이번 대선에서 실패할 경우 치러야 할 대가가 만만치 않을 것이다. 민주당과 야권이 압박하면 며칠 못 가게 되어 있다. 민주당은 이대로 자당 대선주자들의 지지도가 흐지부지 되고 결국 안철수에게 후보 자리를 그냥 헌납할 바에는 안철수에게 최후통첩을 해야 한다. 이제부터라도 안철수를 철저히 검증해서 안철수를 배제해버리고 여당과 일대일 구도를 만들어 독자적으로 싸우는 것이 현실적으로도 가능성 있고 원칙에도 맞다. 어차피 안철수는 책까지 낸 마당에 노골적으로 새누리당을 지지하지는 못할 것 아닌가?

야권은 현시점에서 경제학의 게임이론을 원용해 볼 필요가 있다. '수인(囚人)의 딜레마'라는 게임이론이 있다. 이는 양쪽 이해 당사자가 끝까지 자기의 패만 생각하다가 최악의 결과를 맞이한다는 이론이다. 반면에 '치킨게임'이라는 게임전략도 있다. 1950년대 제임스 딘의 〈이유 없는 반항〉이라는 영화에서 미국 젊은이들이 한밤중 도로 양 끝에서 마주 보고 달리다 충돌 직전 심약한 측이 핸들을 꺾고 피하면 상대가 이기는 게임이다. 만약 어느 한 쪽도 핸들을 안 꺾고 충돌하면 둘 다 자멸한다. 1980년대 냉전 시 레이건은 '치킨게임' 이론으로 소련을 소모적 군비경쟁으로 몰아넣어 자멸케 한 바가 있다. 민주당과 야권은 안철수에 대해 '치킨게임'을 고려해볼 시점이 됐다. 둘 중 누가 더 심약하고 잃을 게 많을지는 불을 보듯 명확하다.

"(2012년 4.11 총선에서) 대립, 분노보다 원만하고 따뜻하며 인격이 성숙한 분을 뽑는 것이다. 그런 면에서 어쩌면 정당, 정파보다는 오히려 개인을 뽑는 것이 낫다."

- 2012.4.3. 전남대 특강 '광주의 미래, 청년의 미래'에서, 안철수


"언론은 본질적으로 진실을 얘기해야 하는 숭고한 기능을 가지고 있다. 진실을 억압하려는 외부의 시도가 있어선 안 되고 있다면 차단해야 한다. 어떤 정권이 들어서더라도 바뀌지 않을 수 있는 그런 방법, 모두의 미래를 위해 계속 사명감을 갖고 진실을 보도할 수 있는 환경을 만들어주는 게 우리 모두의 중요한 과제다."

- 2012.4. MBC 노조와 인터뷰에서, 안철수

# 안철수의 배후는?

## 안철수 바람도 실력?

2012년 7월 31일 중앙일보 논설위원이라는 사람이 '바람도 실력이다'라는 제목의 칼럼에서 말 같지도 않은 소리를 늘어놨다. 그는 안철수가 시간을 끌며 버티다가 최근 다시 책을 내고 TV에 등장하며 '시즌 2'를 시작한 것은 매우 영리하거나 기막히게 운이 좋거나 둘 중의 하나라고 했다. 또 그는 "검증의 링에 오르면 잽 몇 방에 KO가 된다고? 글쎄다. 이미 그의 룸살롱 출입이나 BW 발행, 재벌회장 구명운동 등은 여의도 찌라시(소식지)나 잡지에 오르내린 지 오래다. 하지만 대세는 '그 정도는 봐준다'는 쪽이다. 벤처 거품 때 흥청대다 회사 말아먹은 경우보다 훨씬 양반이라는 분위기다."라고 덧붙였다. 그는, 최근 안철수의 소비자(유권자) 심리를 정확히 겨냥한 마케팅은 절묘하고 타이밍 포착조차도 적절했다며 결국 '안철수 바람은 실력'이라고 말하고 있다.

이런 글을 기사라고 쓰는 사람이 주요 신문사 간부인 것이 한국 언론의 수준이기에 안철수 바람이 재연되고 있는 것이다. BW 의혹을 알면 쓰면 되지 "'그 정도는 봐준다'라는 것이 여론"이라는 것은 과연 누구의 말인가? 자기 말을 마치 여론의 대세처럼 포장하는 이런 사람이 언론사 간부라고 할 수 있는가?

드라마 〈추적자〉에 모든 정치적 의혹이나 비리는 '복잡하게 만드는 것이 원칙'이라는 말이 나온다. 안철수 측은 최태원 구명, 입대 날 관련 거짓말 등 심각한 비리가 아닌 것은 사소한 착오라고 하거나 재빠른 사과로 마무리한다. 반면 사회적 지탄이 될 수 있고 치명적일 수 있는 BW 같은 의혹은 되도록 복잡하게 만들면서, 이미 나왔던 이야기고 여론이 양해 한다는 식으로 대응하려 할 것이다. 안철수는 본격적인 검증에 자신의 명줄이 달려 있기에 그간 구축해 놓은 정계, 사정기관, 언론계, 재계 등 온갖 인맥을 통해 버티는 작전을 구사할 것이다. '바람도 실력'이면 '검증도 실력'이다. 자신이 살아오면서 쌓아온 삶의 내력은 지울 수가 없으며 정확히 자기가 한 만큼 되돌려받는 것이 세상 이치다.

# 〈시사매거진 2580〉과 정운찬, 드러난 안철수 성역의 '배후'

2012년 8월 8일 〈미디어오늘〉은 MBC 〈시사매거진 2580〉의 '안철수 관련 보도 폐기 압력'에 대해 보도했다. 〈시사매거진 2580〉 관계자와 MBC 노조에 따르면, 지난 8월 6일 〈시사매거진 2580〉 소속 기자 전원이 모인 정례회의에서 안철수 관련 아이템을 통과시키고 19일 방송하기로 했다고 한다. 그 내용은 '대권 주자로서 안철수에 제기된 의혹과 안철수가 밝힌 정책의 현실성을 따져 본다는 것'이었다. 하지만 해당 프로그램의 심모 부장은 이튿날 계획에 없던 회의를 소집해 아이템 폐기를 지시하고 항의하는 기자들을 향해 폭언을 했다고 한다. 심 부장은 아이템 폐기의 이유에 대해 "안철수를 다루는 것 자체가 편향적"이라고 말했다 한다. 특히 "취재 내용을 보고 판단해 달라"는 담당기자의 요구에 심 부장은 "네가 썼으면 편파적인 것이 뻔하다."고 말해 반발을 사기도 했다고 한다. 그는 나아가 "2580 기자는 노조 골수당원이고 전부 친북 종북 좌파가 아니냐."며 색깔론까지 들먹였다. 담당기자는 "안철수에 관한 관심이 많고 대선 행보를 할 것이라면 국민들에게 제시해야 할 것도 있고, 안의 정책을 검증하는 것은 국민에 대한 예의라는 것을 지적하고 비판하는 내용이었으며, 국민의 알 권리 차원에서 기획했는데 편향적이라고 하는 얘기를 이해할 수 없다."고 말했다.

안철수와 관련된 언론 보도가 중단된 일은 이전에도 있었다. 2월 초에도 한 언론이 안철수 아이템을 보도하려다 갑자기 중단한 뒤 한참 뒤에야 보도한 적이 있었다. 진보 매체들도 안철수 관련 사항에 대해 안랩까지 찾아가서 취재하고도 야권내의 입장 때문에 보도하지 못한 일이 허다했다.

그러나 최근의 〈시사매거진 2580〉 사태는 권력과 연계된 보도 금지 압력이라는 데서 문제가 심각하다. 기존의 정치, 사회 구조가 부패하고 고루 하다며 이를 뒤엎고 새로운 정치를 하겠다는 사람이 자신의 의혹에 대한 검증을 하겠다는 언론에 대해서는 온갖 수단을 다해 압박하고 있는 것이다. MBC는 MB 정권의 하수인이라고 할 수 있는 김재철 사장 때문에 수난을 당했고 매체 신뢰도는 점점 떨어졌다. 과연 MBC가 안철수 아이템을 독자적으로 폐기하였겠는가?

나는 작년 9월 이후 "안철수의 배후에 권력핵심이 있다."고 계속 주장했다. MBC 〈시사매거진 2580〉의 안철수 아이템 폐기는 나의 주장을 생생하게 입증한 구체적 사례라고 생각한다. 김재철 사장을 둘러싼 온갖 의혹에도 MB 정권이 그를 비호하며 지금까지 끌고 온 이유가 무엇 때문이겠는가? 결국, 대선 국면에서 주요 언론을 장악하여 자신에게 유리한 보도를 하기 위함이 아니겠는가.

2012년 8월 9일 정운찬 전 총리와 안철수 지지모임 간에 특강

참석을 놓고 해프닝이 있었다. 안철수를 지지하는 호남지역 모임인 '함께하는 세상포럼 '철수처럼''이라는 단체에서 애초 8월 11일 아침 정운찬의 특강을 잡았으나 10일 오후로 시간을 조정하는 과정에서 일정이 안 맞아 결국 취소했다고 밝혔다는 것이다. 이 단체 사무총장이라는 자는 특강의 취지가 "최근 있었던 안 교수에 대한 정 전 총리의 우호적 발언의 배경에 대해 설명하려는 것이었다."고 했다. 반면 정운찬 측은 애초 특강 계획이 없었다고 하며 양측이 서로 아귀가 맞지 않는 발언을 했다.

최근 정운찬은 '동반성장'을 핑계로 정치할 생각이 있다고 내비쳤다. 그리고 안철수와 공식적으로 만난 적은 없다(두 사람은 지난 총선 전 만나 정치적 입장 등을 조율했다는 보도도 있었다.)고 하면서도, 안철수와 함께 논의하고 협조할 생각이 있다고 말한 바 있다. 결국, 이런 결심 배경을 자세히 밝히는 것이 특강의 의도였을 것이다. 또 8월 10일 조선일보 기자와의 통화에서 정운찬은 "안과 같이 갈 수 있다."고 했으나 안철수 측이 연대 제의에 대해 명확한 견해를 밝히지 않고 있다고 했다.

안·정 두 사람 측은 왜 이리 웃기는 행보를 하고 있을까? 그 이유는 〈시사매거진 2580〉 보도 금지 압력과 긴밀한 관련성이 있는 것으로 보인다. 〈시사매거진 2580〉 건이 터지고 나서 안철수 측이나 배후 세력이 해야 할 일은 우선 커넥션의 증거를 없애는 것이었다. 안철수, 정운찬 두 사람은 마치 아무 일도 없었고 서로 모르는 사이인 듯 시치미를 떼야 하는 마당에 정운찬 측이 안철수에 대해 협력의사를 밝히면서 강연회까지 했으면 이것은 정과 안의 문제를 넘어선 배후의 문제가 된다. 정운찬 은 지난 2010년 8월 김태호 낙마 이후 '행정수도 이전 반대'를 내걸고 MB 대신 총대를 메었던 인물이며 총리 퇴진 뒤에도 '동 반성장 위원장'을 맡았던 대표적인 친MB 인사다. 그 이후 동반 성장을 둘러싼 정권과의 사소한 티격태격은 서로 헤어진 듯 보 이려는 알리바이에 불과하다는 것이 내 생각이다. 정치권은 때 에 따라 자기 사람과도 헤어진 듯 짜고 치는 공격과 비난도 예 사로 한다.

정치적 세력이 약한 안철수가 뭔가를 하려면 정운찬, 문국현, 조순, 이인제 등 주변부 세력들도 좀 모아둬야 과거 실패했던 정몽준 같은 꼴을 안 당한다. 단일화에 이기려 하거나 아니면 지지율 격차로 야권을 흡수 통합하려면 국민이 보기에 주변에 그럴싸한 세력과 사람이 좀 있어야 하는 것이다. 현재 수준의 변호사 몇 명, 대변인격 인물, 재단 인물, 자기사단 인물들(박경 철? 법륜?)만 데리고 될 일이 아니다. 그래서 세를 좀 모으자니 MB 휘하 총리까지 지냈던 정운찬이 적임인데 문제는 야권 성 향의 안철수가 MB 핵심 인사를 영입해야 한다는 모순이 발생한 다는 것이다.

8월 10일 〈조선일보〉는 안·정 두 사람이 "직접 만난 적도 없

다. 생각은 비슷하지만 연대 문제를 검토해 본 적도 없다.”는
안철수 측이 정색을 띠는 반응을 보도하며 아울러 “안이 MB 정
권 총리를 지낸 정운찬과 함께할 경우 정치적 오해를 살수도 있
다.”는 야권의 반응도 소개했다. 나아가 친박 진영들이 거론해
온 ‘안 원장에 대한 MB 지원설’이 본격제기 될 수 있기 때문이
라는 친절한 언급도 빼놓지 않았다. 남들이 알까 봐 복잡하게
꼬아 놓은 안철수와 그 배후의 커넥션이 내부 모순 때문에 이리
저리 터져 나오고 있는 것이다.


## 철저한 검증이 꼭 필요하다

미국 공화당 부통령 후보로 지명된 벼락스타 폴 라이언 미 하
원의원이 레이스 출발 이틀만인 지난 8월 13일 중대한 두 가지
의혹에 휩싸였다. 하나는 의원의 신분을 이용해 취득한 기밀정
보로 주식거래를 했다는 것이고 다른 하나는 불법 정치자금을
수수했다는 것이다.

라이언은 금융위기가 막 터져 나오던 시점인 2008년 9월 18일
세계금융위기 관련 고위공직자 비공개 회담에 하원 세입위원회
소속 의원으로 참석했다. 라이언은 이 회담에 참석한 뒤 곧바로
부도 우려가 있는 문제은행으로 지목된 와코비아와 시티그룹의
주식을 팔고 안전한 금융사로 분류된 골드만삭스의 주식을 사

들였다는 것이다. 바로 일주일 뒤인 26일 와코비아 은행의 주가
는 도산 우려로 반나절 만에 39%나 폭락했고 뒤이어 시티그룹
의 주식도 급락했다. 현재 라이언의 재산 대부분은 골드만삭스
주식이 차지하고 있다. 이외에도 그는 카지노 개장 편의 대가로
업자에게 거액의 정치자금을 받았다는 의혹을 사고 있다.

미국에서 부통령 후보가 되기 위해서는 사생활을 포함한 80개
항목에 달하는 검증 문항을 통과해야 한다. 라이언 역시 이런
과정을 거쳤음에도 지명 이틀 만에 치명적 의혹이 터진 것이다.
미국에서 장관 등 고위공직자로 지명되기 위해서는 악몽 같은
절차를 거쳐야 한다. 국세청, FBI, 공직자윤리국, 재무성 등의
전문 검증기관이 후보 별로 대형 상자 10개 분량의 검증서류를
검토한다. 장기간의 세금 관련 기록, 재산규모와 형성내역, 투
자 자산의 출처와 수익성, 소송 관련 여부, 간통 및 부적절한
관계, 성희롱, 대마초 등 마약 복용 여부, 교통법규 위반 여부,
평소 흡연 및 음주습관 및 음주량, 공공적 장소에서의 탈의나
욕설 등 일탈 행위, 가정생활에 대한 이웃들의 증언, 과거 직장
동료들의 증언, 거짓말 습관, 학창시절 징계 여부, 정보 누설
여부 등 시시콜콜한 문제에 대해 장시간에 걸쳐 꼼꼼히 체크
한다.

대선캠프나 인수위 등도 전문 변호사 등으로 자체 검증팀을
두고 스스로 검증한다. 후보 개인이 제출해야 하는 서류도 수십

가지, 수백 페이지에 달해 한번 하고 나면 두 번 다시 고위 공직에 가고 싶은 생각이 들지 않을 정도라고 한다. 검증이 이렇다 보니, 사회지도층은 만약을 위해서라도 평소 언행, 사생활, 재산형성, 세금 등에 있어 항상 의식하고 조심하고 긴장하면서 살아야 한다. 미국 대선제도는 허점 또한 많지만 '노블레스 오블리주'를 제도적으로 강요하고 있는 것은 배울만한 점이다.

라이언의 경우 공적으로 취득한 정보의 사적 투자 이용이 사실일 경우 100% 낙마하게 될 것이다. 이미 FBI 등 검증 기관이 조사에 들어갔을 것이며 사실로 확인되면 미국 대선은 민주당의 승리로 끝날 가능성이 크다. 보수 정체성이 약하다는 롬니의 약점을 커버하기 위해 영입한 승부수였던 라이언이 치명타로 작용하고 있고 이로써 미 공화당의 패배 가능성이 매우 커지고 있다. 결국 후보 검증이 미국 대선 향배를 좌우하게 된 것이다.

이에 반해 한국의 안철수는 작년 9월 첫 등장 이후 1년이나 지났지만, 그에 관해 제대로 된 검증이나 비판은 없었다. 누구나 안철수가 대선 출마할 것으로 알고 있는 상황에서 "공식 출마선언을 하지 않아 검증할 수 없다."는 궤변이 난무하고 있다. 안철수 스스로 검증을 피하려고 만든 '출마 고민 중'이라는 황당한 논리가 통하고 있다. 대선 라이벌로서 당연히 검증에 나서야 할 여야 후보들은 안철수를 두고 손익계산서를 따지며 머뭇거리고 있다. 도덕적 우월성이 생명이라는 진보진영조차 대선 승리 방정식에 안철수를 상수로 포함시켜 놓고 애써 그를 우군이라고 판단하면서 검증을 포기하다시피 하고 있다. 한국에서는 검증이 약하기 때문에 권력을 업고 정치에 관심이 있는 듯 없는 듯 시간을 끌다 두어 달만 눈 딱 감고 뛰면 얼렁뚱땅 대통령이 될 수도 있는 것이다.

최근 안철수 측은 검증과 각종 의혹에 대해 대응하기 위해 '진실의 친구들'이라는 페이스북 사이트를 개설했다. 'V소사이어티' 의혹 등 안철수에 대한 각종 의혹 검증에 대해 해명하겠다는 것이다. 그런데 검증 해명용이라면서 왜 폐쇄적인 성격의 페이스북을 열었는지는 의문이다. '진실의 친구들'에 들어가 보니 어떤 이가 자신이 전직 V소사이어티 직원이라며 익명으로 안철수 관련 의혹들에 대해 해명하고 있었다. 왜 정식 캠프 대변인, 혹은 홍보담당이 아닌 듣보잡 가공의 인물들이 나와 안을 변명해 줘야 하는가. 대선후보라면 자신의 의혹과 업보는 자신이 직접 해명하거나 최소한 공식 대변인이 해명해야 하는 것이 상식 아닌가? 지난번 안랩 BW 의혹 건도 익명의 삼성SDS 관계자가 언론을 통해 안철수 대신 해명했다. 안철수 개인에게 배당된 BW를 왜 삼성이나 안랩 직원이 나서서 해명하느냐는 것이다. '대변인 격'은 또 무엇인가? 본인이 나서서 변명하다 코너에 몰리면 끝이기에 안철수 대신 다른 사람들이 나서는 것 아닌가.

안철수는 1년이 넘도록 자신에게 제기된 수백억 규모의 BW 의혹에 대해 말 한마디 하지 않고 있다. 이 사건은 여러 가지 법적 문제와도 관련 있는 중대한 의혹이다. 그는 또 대선 참여 고민 운운하면서 1년간 자기회사 주식가치를 6배 이상이나 끌어 올렸다. 안랩의 주식이 정치테마주가 되었고 그렇게 번 추악한 돈으로 재단을 만들어도 감독 검증 기관은 말이 없고, 보도하려는 언론사 기자는 빨갱이가 되고, 야당은 묵묵부답이다.

안철수뿐만 아니라 박근혜 등 여야의 어떤 대선후보도 검증에서 예외가 될 수는 없다. 한국에서는 '검증'을 '네거티브'와 동일시하는 경향이 있는데 양자는 분명히 차이가 있다. '네거티브'는 우리말로 해석하면 '음해'다. 즉 없는 사실을 있는 것처럼 조작해 헐뜯는 것을 의미한다. 반면 '검증'은 감추거나 속이고 있는 일을 밝히는 것이다. 검증은 아무에게나 하는 것은 아니다. 공연히 일반인을 검증하겠다고 하면 명예훼손이 되고 사생활 침해가 된다. 그러나 주요한 공직에 나서는 사람의 재산, 사회경력, 언행 등을 철저하게 검증해야 하는 것은 당연하다.

그동안 한국에서는 대통령과 주요공직자에 대한 검증이 너무나 부실했다. 수많은 흠결을 가진 사람이 선거기간이나 청문회 기간을 대충 버텨 내면 버젓이 대통령, 장관이 된다. 또 고질적인 당파성으로 인해 당연히 받아야 할 '검증'을 음해와 모함으로 격하시켜 '네거티브'로 만들어 버린다. 또 선거가 끝나면 쌍

방이 제기한 모든 문제는 흐지부지 끝나게 된다.

무엇보다 이해가 가지 않는 것은 검찰이 정보를 정치적으로 악용한다는 것이다. 가장 가까운 예가 지난 대선 때 검찰이 도곡동 땅을 둘러싼 의혹에 대처하던 방식이었다. 처음에는 모른다고 하다가 나중에는 3자 차명인 것 같다고 하더니 결국 그마저 증거가 없다고 끝내버린 것이다. BBK, 도곡동 땅, 김용철 건 등 지난번 대선결과는 검찰이 좌지우지해 버린 격이 되었다. 이렇게 된 원인은 공직 검증에 대한 법과 규칙, 국민적 정서가 부족한 탓이다. 특정한 기관이 정보와 판단을 독점한 채 대선의 향배를 바꾸는 일이 없도록 제도적인 보완이 시급한 실정이다.

# 맺음말

그동안 우리는 자신의 삶은 부패, 가식, 허위, 위선과 탐욕, 온갖 의혹으로 가득 차 있으면서 입만 열면 개혁, 진보, 정의, 국민을 말하는 정치인을 너무나 많이 봐왔다. 정의란 단어는 너무 진부해져 이제 정치에서 '정의'란 완전히 사라진 것처럼 느껴진다. 정의가 사라진 자리를 대신하고 나선 것이 안철수식 '상식과 소통'이다. 정의는 법, 질서, 위엄, 권위 등을 포함하는 무거운 개념인 반면에 '상식과 소통'은 친근감과 편안함을 던져주는 단어다. 안철수는 '상식과 소통'으로 희망 출구 없이 갇혀 절망하는 20, 30대 청춘의 마음을 뒤흔들고 있다. 문제는 '정의' 못지않게 '상식' 또한 일관성을 요구하는 단어라는 점이다. 상식은 그때그때 다르게 적용되는 '융통성'과는 전혀 다른 말이다.

안철수는 아직도 본인은 정치인이 아니라고 한다. 그는 그 자신이 주변을 부추겨 자신을 정치판에 내세운 뒤 국민이 자신을 추대하면 대선에 나가겠다고 자신의 출마 책임을 국민에게 덮어씌운다. 이게 과연 상식에 맞는 일인가. 그는 정치 등장부터 시작해서 지금까지 1년이 넘도록 정치에 적용되는 상식을 거스르고 있다.

정치는 '정의 실현'이라는 권력의지와 '다수의 행복'이라는 직업윤리, 그리고 더불어 실천윤리가 동반되어야 가능한 직업이다. 그중에서도 '대통령'은 5천만 국민의 미래와 삶을 좌우하는 공인으로서 극단적인 헌신과 희생을 요구하는 자리다. 대통령이 하고 싶은 자는 스스로 권력의지가 충만해야 하고 누가 아무리 말려도 "나는 대통령직을 위해 이 땅에 태어났고 그것은 나의 평생의 꿈이며 천직이다."라고 말할 수 있는 소명의식이 필요하다. 떠밀려 하거나 누가 좀 추천해주면 한 번 생각해보겠다는 사람은 절대로 대통령을 하면 안 된다.

또 대통령직은 '공공심'이 몸에 밴 인물이어야 그 자격이 있다. 따라서 대통령이라는 직책은 기업윤리나 일반대중의 그것보다 훨씬 더 높은 기준의 도덕성을 요구하는 자리다. 그래서 투기, 탐욕, 속임수, 물질추구 등에 물들어 살아온 사람이 넘볼 자리가 아니며, 이런 환경에서 살아온 자가 대통령이 되면 국가는 부패와 공공성의 몰락으로 무너지게 된다.

안철수는 유복한 집에서 태어나 걱정 없이 자랐지만 한국 사회의 거품, 탐욕, 투기 등이 총체적으로 터져 나왔던 90년대 IT 벤처 열풍의 한복판에서 모든 것을 겪었다. 당시 IT 벤처업계는 온갖 편법, 부패, 결탁, 비리가 모두 다 동원된 카지노 자본주의의 완결을 보여주었다. 예수나 공자라도 당시 IT 벤처 거품을 거쳤다면 때가 묻을 수밖에 없었을 시절이었다. 그 시대를 통과하면서 살아온 자는 자신의 삶에 솔직해야 한다. 오류와 과오가 있으면 있는 대로 벤처인으로 살든지, 아니면 자기반성을 철저히 하든지 양자택일이 필요하다. 가뜩이나 대통령 되겠다는 사람이 여야에 넘치는 마당에, 굳이 벤처 거품을 거쳐 온갖 현실의 때가 묻은 사람까지 대통령에 나와야 하는 건지 의문이다.

그는 권력을 등에 업고 검증에서 비켜나 있다. 〈시사매거진 2580〉 사태에서 목격했듯이 그를 검증하고자 하는 여러 시도는 보이지 않는 자본과 권력에 의해 좌절되고 있다. 순진한 청춘들은 그의 표피적인 이미지를 믿고 그의 말을 복음처럼 받아들이고 있다. 이제 눈앞에 보이는 흠결이 있어도 믿지 않는 종교적인 현상까지 나타나고 있다. 대중은 도덕성에 하자가 있다고 널리 알려진 인물에게 잘못이 드러나면 체념할 뿐 충격을 받지는 않는다. 그러나 하늘에서 흰옷을 입고 내려온 메시아 같은 인물에게서 위선이 드러나면 충격과 절망의 크기만큼 심한 돌팔매

질을 하게 되어있다.

현실이 어렵고 청춘이 힘들다고 이를 치유할 메시아를 기다리는 것은 '고도'를 기다리는 것과 같다. 《고도를 기다리며》에서 고도는 결국 오지도 않고 존재하는 것도 아니다. 고도를 기다리는 과정에서 우리는 하루하루 우리의 힘든 삶에 대한 희망을 품을 뿐이다.

누군가 갑자기 하늘에서 뚝 떨어져 당신의 지친 영혼을 '소통'으로 구원하겠다면 당신은 우선 의심해야 한다. 마약이나 사이비 종교가 현실의 문제를 잠깐 망각하게 할 수는 있지만 없어지게 할 수는 없다. 마취에서 깨어나도 지치고 거친 현실은 그대로이며 절망은 깊어지고 희망은 보이지 않는다.

정치는 누아르 영화의 '팜므 파탈'과 같다. 팜므 파탈은 결코 믿을 수 없는 존재며 끝까지 의심해야 한다. 정치의 실체가 바로 의심하고 추궁하고 검증하고 해부해야 하는 대상이다. 그래서 우리는 끊임없이 정치인, 대선후보를 불신하고 폭로하고 검증해야 하는 것이나. 누가 "너를 믿고 알아주면 내일 당장 무지개 너머 파랑새가 우는 세상이 온다."고 장담한다고 할지라도 그 말을 믿으면 안 된다. 말만 잘하는 번지르르한 정치세력의 실체가 어떤지 최근 목격하고 있지 않은가. 따라서 '묻지마 검증'을 하고 그래도 그나마 안전하다고 판단되면 차악으로 선택해야 하는 것이 바로 현실 정치의 모습인 것이다.

수많은 정보가 난무하는 미디어와 SNS가 여론을 지배하는 시대에서 대중을 속이는 일은 의외로 쉽다. '하이퍼 인포메이션hyper Information' 사회에서 대중이 하는 생각은 온전히 자신의 것이라기보다 타의에 의해 만들어진 생각일 가능성이 크다. '안철수 현상'은 자본, 권력, 미디어가 '하이퍼 인포메이션' 시대에서 만든 '신화'다.


지난 1년이 마치 수십 년이 지난 것처럼 긴 시간으로 느껴졌다. 애초 작년 9월 초 안철수가 서울시장 출마를 언급했을 당시 벌어지는 일들이 너무나 수상했다.

뒤이어 종교인, 주식투기꾼, 정치꾼들이 나서며 '안철수 신드롬'을 부르짖기 시작했을 때 나는 안철수의 궁극적 목표가 서울시장이 아니라 대통령이라고 지적했다. 그리고 '그분'이 추석 대목에 TV에 나와 "올 것이 왔다."고 했을 때, 나는 '드디어 준비한 것들이 시작되고 있구나'라는 느낌을 받았다.

나는 오랫동안 시류와 대세를 거슬러 살아왔다. 벌써 집권 권력과 불화를 겪은 지 10년째다. 인생의 황금기를 좌우 어느 쪽에도 마음 둘 곳 없이 외로이 싸우며 살아왔다. 안철수를 상대로 그의 거짓 성역을 허무는 싸움도 참으로 힘들고 긴 여정이었다. 모두가 거짓 메시아를 찬양할 때 그에게 돌을 던지는 소수는 가롯 유다 취급을 받고 집단 돌팔매를 당하기 쉽다.

특히 우리 사회의 진보, 개혁, 시민사회, 양심세력 등이라 자부하는 사람들이 안철수 신화에 대해 침묵하고 방조하는 것을 지켜보는 것은 정말 참기 힘든 정신적 고통이었다. 그런데 지난 6월 〈박봉팔닷컴〉과 인터뷰를 하면서 불편부당하게 원칙과 진실을 따지는 사람들이 존재한다는 사실을 새삼 깨닫게 되었고 반가웠다. 그리고 정신적 동지들과 의기투합하여 '만들어진 신화'를 분쇄하는 길에 나섰다.

성역과 도그마가 지배하는 사회는 중세 암흑시대와 같은 것이다. 어둠이 지배하고 있는 이 시절에도 상식을 견지하고 있는 사람들이 있었기에 이 책이 나오게 되었다. '안철수 신화'를 찬양하는 책들이 지배하고 있는 서점 서가에 《안철수, 만들어진 신화》라는 책이 꽂혀있는 사회는 그래도 희망이 있다고 생각한다.

이 책을 내는데 동참해준 〈도서출판 미래지향〉 김운태 대표와 〈박봉팔닷컴〉 박봉필 편집장에게 새삼 고마움을 전한다.